जागा हुआ सा कुछ

कविता संग्रह

डॉ. राकेश ऋषभ

अंजुमन प्रकाशन

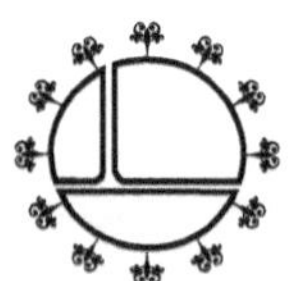

अंजुमन प्रकाशन
942, आर्य कन्या चौराहा, मुठ्ठीगंज
प्रयागराज - 211003 उत्तर प्रदेश, भारत
website - www.anjumanpublication.com
E-mail - anjumanprakashan@gmail.com

मूल्य भारत में ₹ 200.00

प्रथम संस्करण, पेपरबैक, अंजुमन प्रकाशन द्वारा 2021 में प्रकाशित
आवरण चित्र - ऋषभ सिंह
टाइपसेटिंग - अंजुमन प्रकाशन, प्रयागराज
भारत में मुद्रित

ISBN : 978-93-88556-58-3

समर्पण

प्रातः-सायं वन्दनीय माता-पिता जी के
कमलवत चरणों में शब्द रूपी पुष्पों का हार
स्वरुप प्रस्तुत पुस्तक सादर समर्पित है

अभिमत

आधुनिक हिंदी साहित्य के युग प्रवर्तक एवं युगान्तकारी रचनाओ के सृजनहार, हिंदी साहित्य के चमकते हुए सितारे,व्यक्ति तथा समाज की वास्तविक परिस्थितियों को कविता, कहानी, नाटक, उपन्यास आदि विधाओं के माध्यम से व्यक्त करने वाले, समकालीन कविता के अग्रणी ध्वजवाहक, हिंदी जगत के अप्रतिम हस्ताक्षर, कवि, दार्शनिक, महाज्ञानी, चिंतक, लेखक डॉ. राकेश ऋषभ की कृतियों के विषय मे लिखना सूरज को दीपक दिखाने जैसा है। ऋषभ जी का जीवन ही 'जागा हुआ सा कुछ' में प्रस्फुटित हो गया है।वह स्वयं जागे हुए हैं और इस मूर्छित समाज को भी जगाना चाहते हैं। वह बुद्धत्व को प्राप्त एक अर्हत हैं। उनकी वासनाएं विलीन हो चुकी हैं। कवि ऋषभ की तुलना केवल कबीर से की जा सकती है। 'जागा हुआ सा कुछ' में उनकी लेखनी ऐसी चली है कि कठिनतर शब्दों को सरस, सरल, तरल कविता में ढाल दिया है। जिसे पढ़ कर मन मोहित हो जाता है। मन का सारा भ्रम मिट जाता है। सारा अज्ञान दूर हो जाता है। एक नई जिंदगी की शुरुआत होती है। एक नई रोशनी मिलती है। इस संकलन की सारी कविताएं केवल मात्र कविता नही हैं वरन परमात्मा की नव्य, दिव्य किरणें हो जो हमे अँधेरे से प्रकाश की ओर ले जाती हैं। हमारी मूढ़ता को तोड़ती हैं। हमें दिव्यता की ओर ले जाती हैं। मर्त्य से अमर्त्य की ओर ले जाती हैं। मन को विलीन कर आत्मा को प्रकाशित करती हैं। हमारी आत्मा में ओज भरती हैं। मैं इस रचना को पढ़कर चमत्कृत और निशब्द हो गया हूँ। भारतीय दर्शन, चिंतन, ध्यान और अध्यात्म इस संकलन की कविताओं का केंद्रीय भाव है। इतनी सरल और सहज भाषा में इन विषयों पर कविता लिखना ऋषभ के ही बस की बात है। उनका लेखन अद्भुत और महान है।

डॉ. राकेश ऋषभ साहब की कविताएं ऐसे शब्दों में उतरती है जैसे कोई झरना हिमालय के उच्च शिखर से उतर कर कल कल करते हुए स्वच्छ निर्मल तरल सा बहता है। ये उनकी कलम का जादू है जो उनकी रचनाओं को दिव्यता प्रदान करता है। डॉ ऋषभ बहुआयामी व्यक्तित्व के धनी हैं। वो एक अर्थों में महावीर है तो दूसरे अर्थों में बुद्ध। उनका जैसा व्यक्तित्व ही जीवन में इतना सन्तुलन और सामंजस्य स्थापित करके नौकरी के साथ-साथ काव्य साधना भी इतनी गहराई से पर सकता है। उनकी कविताएं आम नही हैं बहुत ही खास हैं। जब वो कविता लिखते है तो टैगोर से टक्कर लेते हैं। लार्ड टेनिसन और

कॉलरिज को चुनौती देते है। शेक्सपियर को सोचने पर मजबूर करते हैं कि हमने जिंदगी भर क्या लिखा। वो कालिदास की तरह लम्बी चौड़ी उपमा नही देते वरन ठोस और दिव्य लिखते हैं। इसलिये अपने लेखन में डॉ. राकेश ऋषभ हिंदी साहित्य के अप्रतिम हस्ताक्षर हैं। उनके नाटक हों, कहानियां हों या कविताएँ हो सबमें वो अद्वितीय हैं। जब वो व्यंग काव्य लिखते है तो हृदय पर गहरी चोट करते है। समाज के प्रति सोचने पर मजबूर करते हैं। उनकी कहानियां और नाटक भी हमे सामाजिक सन्देश देते हैं। 'जागा हुआ सा कुछ' तो हमे झिझोड़ कर जगाता है। मन के जुगनू को बुझा कर आत्मा के दिव्य दीपक को जला कर हमारे चारों तरफ रोशनी बिखेर देता है। कवि डॉ राकेश ऋषभ को इस महती कार्य के लिए बारम्बार प्रणाम व साधुवाद!!

डॉ0 राम कृष्ण लाल 'जगमग'
सम्पादक शब्द-सुमन (मासिक पत्रिका)
582, आवास विकास कालोनी
कटरा बस्ती (उ0प्र0)

भूमिका

मन को आकर्षित, उद्वेलित और चमत्कृत कर देने वाली रचनाओं का संकलन है 'जागा हुआ सा कुछ'। मैं तो कहता हूँ कवि कुछ नहीं पूर्ण रूप से जगा हुआ हैं। भारतीय दर्शन और अध्यात्म का जीवंत दस्तावेज है 'जागा हुआ सा कुछ'। हिंदी साहित्य ही नहीं विश्व साहित्य में आज तक इतनी उत्कृष्ट और औदात्य पूर्ण कविताओं का सृजन नहीं हुआ है। प्रस्तुत काव्य कृति विश्व साहित्य की अमूल्य धरोहर है। यह महज काव्य संकलन नहीं वरन भारतीय दर्शन का तरल महाकव्य है। इन कविताओं में बुद्ध की प्रज्ञा, करुणा, मुदिता, मैत्री, शील, समाधि, कृष्ण का कर्म, भक्ति, योग, ज्ञान, दर्शन, ईशा मसीह का समर्पण, त्याग, मोहम्मद साहब का ईमान, एकत्व दर्शन, एकता, कबीर का रहस्य, सूफियों का प्रेम, शंकर का अद्वैतवाद, गोरखनाथ का हठयोग, जैनियों का संशयवाद सब कुछ समाहित है।

यहाँ आत्मा-परमात्मा से एकालाप, संलाप व अंतर्लाप करती हुई नजर आती है। कवि डॉ. राकेश ऋषभ अस्तित्व की अतल गहराइयों में उतर कर चेतना के महासागर में स्नान करते नजर आते हैं। यह काव्य संकलन अद्भुत है। यह कवि ऋषभ का कमाल है कि नीरस माने जाने वालें विषय को कविता का शीर्षक बना कर काव्य रस की धारा बहा दी है। ऐसी अद्भुत लेखनी को सलाम। प्रत्येक कविताएँ अनूठी एवं अप्रतिम हैं। जो पाठक इस काव्य संग्रह को मनोयोग से पढ़ेगा वह भारतीय दर्शन की चाशनी में डूब जायेगा। अस्तित्व की अनन्त गहराइयों में गोते लगाएगा। जब वह काव्य रस सागर से बाहर आएगा तो कुछ नहीं पूर्ण रूप से जागा हुआ होगा। निर्वाण, मोक्ष और कैवल्य को उपलब्ध हुआ होगा।

अंत में प्रस्तुत काव्य संकलन हेतु डॉ. राकेश ऋषभ को हृदय की अतल गहराई से धन्यवाद और विश्वविद्यालय के प्रोफेसर तथा आलोचकों का आह्वान करता हूँ कि प्रस्तुत पुस्तक पर शोध करें।

डॉ. सुरेश उजाला

पूर्व संपादक उत्तर प्रदेश/उपनिदेशक सूचना, उ.प्र.

लखनऊ

संपर्क : 9494266635

अनुक्रम

आत्मप्रकाश

न्युट्रीनों से बना
विरल है
न घना
जो है अपना
वह है आत्मा
केवल तुम ही तुम्हारे हो
पर दूसरे के सहारे हो
जो तुम्हारा नहीं
उसी को मन में धारे हो
भटक रहे हो समाज के जंगल में कि
कोई दूसरा तुम्हारा है
दूसरों से रिश्ता प्यारा है
अपने से कोई रिश्ता नहीं
दूसरा कोई फरिश्ता नहीं
जो तुम्हें जगाये
ऊँचाई तक लेकर आये
मोक्ष दिलाये
बस तुम्हारे अतिरिक्त
तुम्हारा कोई नहीं
जब तक आत्मा अपने में खोयी नहीं
प्रकाश के बीज बोयी नहीं
तब तक सत्य झलकता नहीं
आत्मरूप से ऐक्यता नहीं
अपने को अपना दिखता नहीं
परिवार, समाज, देश सब झूठा
अपने से अपने का रिश्ता अनूठा
दूसरों ने तुम्हें लूटा
तुम छले गए

जिन्हें अपना समझे तुम
वो तुम्हें छोड़कर चले गये
तुम ज्ञानवान हो
अपना कलुष धोकर
होकर आत्मस्वरूप
जानो अपना रूप
फैलाओ स्व-प्रकाश
छू लो आकाश
जीवन जा रहा अनायास
तोड़ो तन्द्रा
छोड़ो गहरी निद्रा
माया भंग
बदलो रंग
जीने का ढंग
स्वप्रकाश
हो आत्मप्रकाश

निर्मम सत्य

मेरा मित्र
ये रिश्ता विचित्र
मेरी माँ मेरा बाप
स्वार्थ प्रेरित रिश्ता
अपने आप
भूला अपना रूप
आत्मस्वरूप
फैलाया रिश्तों का जंजाल
पनपा अन्तर्जाल
रिश्तों का भ्रमजाल
विकसित कर इन्द्रजाल
उन्नति करता जीता
अमृत छोड़ विष पीता
जिससे रिश्ता जोड़ा
शोषण कर उसको निचोड़ा
माँ-बाप
मोह अपने आप
आता
स्वार्थपूर्ति में लग जाता
अपना कद-पद बढ़ाता
एक संसार बनाता
रिश्तों का खूबसूरत मायाजाल
अहम! तुष्टि करता
सदैव आगे बढ़ता
समझता अपना विकास
आत्मा का ह्रास
पुष्ट होता झूठा संसार
पाता खोखला प्यार

अहंकार का प्रभाव
भूला अपना स्वभाव
यौवन की मादकता में फँसा
स्वार्थ के कीचड़ में धँसा
सबको चूसता
जोंक की तरह
होता हरा-भरा
अंत में मरा
चिल्लाया
छूटी सब माया
जीवन व्यर्थ गया
सत्य से वंचित रह गया
आकर्षक असत्य में फँसकर
निर्मम सत्य को त्यागकर
भ्रम पकड़ा कसकर
दो-चार दिन जीता रहा हँसकर
दुःख का प्रसार
अनंत विस्तार
आया
फिर छटपटाया
करुण पुकार
उबारो इस बार
जागूँगा अभी
गलती नहीं करूँगा कभी
छोड़ दूँगा बुराइयाँ सभी
अब झुकूंगा
भ्रम पर नहीं रुकूँगा
प्रार्थना करूँगा
आऊँगा केंद्र तक
आत्मा के
द्वार परमात्मा के

चैतन्यात्मा

चैतन्य तुम्हारा स्वभाव
जिसके सिवा कोई नहीं तुम्हारा
चाहे जाओ मंदिर, मस्जिद, गुरुद्वारा
घूमो चारों धाम
सब बेकाम
चाहे जाओ अंतरिक्ष लोक
कितना भी साधो योग
खोज लो नयी दुनिया
नये लोग
चैतन्य केवल आत्मा है
यही जीवात्मा है
यही हमारा है
शेष कोई नहीं तुम्हारा है
चैतन्यता का भाव गहन हो
बस यही भाव सघन हो
फूट पड़ेगी धारा वैराग्य की
जन्म होगा संन्यास का
सपने, आशाएं, स्वार्थ
जन्म देते हैं संसार को
बाँधकर एक मजबूत रिश्ता
आहिस्ता-आहिस्ता जन्म लेता
है संसार भूलकर चैतन्यात्मा
पनपता है सम्बंधों का भ्रमजाल
प्रारम्भ होता है बवाल अपनेपन का
कौन पराया
मृत्यु जिसे अलग करे
वो पराया है
मृत्यु जिसे अलग न कर सके

वो अपना है
बाकी सब सपना है
निर्विकार परमात्मा है
चैतन्य आत्मा है
जो अपना है
वही तो आत्मा है

आत्मा

आत्मा
आइंस्टीन का सिद्धान्त नहीं
न्यूटन का नियम नहीं
भास्कराचार्य का सूत्र नहीं
कि पढ़े और जान गये
कहीं देखा और पहचान गये
ये तो भिन्न है
विद्युत चुम्बकीय बल से
कमजोर नाभिकीय बल से
मजबूत नाभिकीय बल से
गुरुत्वाकर्षण बल से
पकड़ में नहीं आता
किसी नियम में
आत्मा एक अनुभव है
जो एक विभव है
आता है यह
चैतन्य की तीव्रता से
आध्यात्मिक वीरता से
जितना तुम चैतन्य होगे
उतना अनुभव होगा
जितना तुम बेहोश होगे
उतना ही आत्मा से दूर होगे
अज्ञान से भरपूर होगे
जबकि तुम एक आत्मा हो
केवल आत्मा हो
बस आत्मवान बनो
ज्ञानी और धनवान बनो
अनुभव करो आत्मा

जितना तुम चैतन्य हो
उतना तुम हो परमात्मा
आत्मा को अनुभव करना
जीवन का ध्येय है
आत्मा अप्रमेय

हूँ-पन

हूँ-पन
मेरा बोध
मैं-पन नहीं
हूँ-पन ब्रह्म
मैं-पन मनुष्य
होने की घोषणा
पनपती तृष्णा
जन्म लेता स्वार्थ
व्यर्थ
बढ़ता पाप
काम करते अनाप-शनाप
ले जाता दूर हूँ-पन से
इसे तोड़ो
मैं-पन छोड़ो
हूँ-पन में रहो
निर्विचार
सारा संसार
अस्तित्व एकाकार
जब टूटे अहंकार
लहर बनकर खो जाओ
अस्तित्व का सागर हो जाओ

निर्वासना

कार्बनिक शरीर बनता है
अणुओं के संयोग से
अहम् और प्रकृति के मिलन से
निर्मित होता है
एक कारागार
बंद हर द्वार
तृष्णा का प्रसार
भटकता ये संसार
वासना के चक्कर में
पैदा करता शरीर
पुनरावृत्ति
जो मौलिक दुःख
नहीं है सुख
जब तक वासना टूटे न
तृष्णा छूटे न
मूर्च्छा जाये न
चैतन्यता आये न
उपलब्ध न हो
जब तक निर्वासना
हो नहीं सकते मुक्त
हो नहीं सकते ब्रह्म से संयुक्त
अब रहे कोई आस न
जियो निर्वासना

निःशब्द

निःशब्द जियो
अमृत पियो
छोड़ो शास्त्र ज्ञान
त्यागो ये विज्ञान
न कोई हिन्दु
न कोई मुसलमान
छोड़ो गुरु
हो जाओ शुरू
निःशब्द
जीने का
एक नया ढंग
करो भंग
ज्ञान उधार का
बंधन तोड़ो
मुक्त करो अपना अस्तित्व
जो है तुम्हारा मूल व्यक्तित्व
जो नहीं मिला दूसरों से
तन की तरह
उधार के मन की तरह
ज्ञान ही बंधन है
जन्म चक्र का प्रबंधन है
आओ
निःशब्द हो जाओ

तूर्या

स्वप्न, जागृति, सुसुप्ति से पार
एक नया संसार
नया आकाश
भीतर-बाहर प्रकाश
कहीं नहीं अँधेरा
न बचा
कुछ तेरा न मेरा
हुआ नया सवेरा
आया बुद्धत्व
जिनत्व
या कहो मुक्ति
या कहो मोक्ष
कोई फर्क नहीं
यहाँ कोई तर्क नहीं
ज्ञान की अवस्था
तूर्यावस्था
न कोई दुःख
न कोई सुख
ज्ञान में बने रहना
जाग्रतावस्था
एक साधन कैवल्य का
निर्वाण का
मोक्ष का
अपने कल्याण का
तूर्यावस्था को प्राप्त कर आत्मा
हो गयी परमात्मा

स्व-बोध

आया स्व-बोध
टूटा अवरोध
अविवेक का
प्रकाश फैला एक का
खण्डित स्वप्न के विकल्प
उत्पन्न हुआ संकल्प
कल्पनाओं का प्रसार
जागा हुआ-सा कुछ
एहसास हुआ जागा हुआ-सा कुछ
अंतराल मिट गया
फैलाव सिमट गया इच्छाओं का
चित्त तिरोहित
न कोई पण्डा न कोई पुरोहित
न कोई मुल्ला न कोई गुरु
वर्षा हो गयी शुरू
अमृत की
प्रेम की
आनन्द की
ऊर्जा की
महाऊर्जा की
सब अभाव खत्म
सब तनाव खत्म

वीरेश

एक एहसास को छुआ
मुझे कुछ हुआ
आया हवा का झोंका
मेरे फैलाव को रोका
फैली गंध
वातावरण में भर गयी सुगंध
आखिरी ऊँचाई
जब आयी
स्वयं को पा लिया
अमृत पी लिया
स्वयं को जी लिया
अनंत आनन्द
सब कुछ बंद
जागृति, सुसुप्ति, स्वप्न के पार
बचा नहीं कुछ शेष
मैं हो गया वीरेश

अचिंत्य

जो है अचिंतनीय
जो है अवर्णनीय
बस जिसका एहसास है
जिसका आभास है
वह आत्मा है
वही परमात्मा है
चेतन स्वरूप
तर्क से परे
ऊर्जा से भरपूर
पकड़ से दूर
आत्मा अचिंत्य है
विवेक साधन है
वितर्क आसन है
उस तक जाने का
आत्मज्ञान पाने का

अज्ञेय

ज्ञात वो जो जान गये
अज्ञात वो जो जाने नहीं
पर एक दिन जान लेंगे
जिसमें सम्भावना मौजूद है
जिसका वजूद है
पर कुछ ऐसा भी है सार
इस संसार के पार
जो जाना नहीं जा सकता
किसी भी तरह पहचाना नहीं जा सकता
वह है अज्ञेय
वह है अप्रमेय
वही है आत्मा
वही है परमात्मा
बस
यही है रहस्य

विस्मय

विस्मय अन्तर्मुखी है
आश्चर्य बहिर्मुखी है
विस्मय योग का प्रारम्भ बिन्दु
आनन्दायक सिन्धु
जो ले जाता है अध्यात्म की ओर
कर देता है भाव विभोर
पर आश्चर्य विज्ञान का जन्मदाता
रहस्योद्घाटन में लग जाता
कुतूहल समाप्त करने में जुट जाता
भौतिक सुविधाएँ बढ़ाता
नया-नया संसार बनाता
अहंकार बढ़ाता
पर विस्मय सरल स्वभाव
अहं का अभाव
मन को शुद्ध करता
मुक्त करता
पैदा करता धर्म
जो है जीवन का मर्म
जिससे आता अध्यात्म
ले जाता रहस्य की ओर
उस छोर
जहाँ बनाता अहिंसक
महायोगी
शान्ति
आती
महाशान्ति
घटती क्रान्ति
महाक्रान्ति

हटता ज्ञान
मिटता अज्ञान
मैं डूबता विस्मय में
और डूबता
मिटता जाता
बचा रहा
विस्मय शेष
मैं अशेष

समाधि

वितर्क
ज्ञान संश्लेषण की एक प्रक्रिया
जिससे आता है विवेक
या कहो बढ़ता है होश
समझो इसे वर्तुलाकार
केन्द्र में आत्मा
जिससे हुआ एकाकार
करके भीतर की यात्रा
फूटी ऊर्जा
महाऊर्जा
आया आनन्द
महाआनन्द
फैला तो आकाश
अंतरिक्ष की ओर
कहीं ओर न छोर
तर्क पैदा करता ज्ञान
तरह-तरह के विज्ञान
खोता आत्मज्ञान
बाहर की यात्रा
आँखें बंद
अन्दर प्रवेश
एक नया देश
जो है विशेष
जहाँ पहुँचे बुद्ध, कृष्ण, मीरा, महावीर
और भी पहुँचे अनेक पीर
जैसे थे कबीर
पराक्रमी वीर
तन्द्रा भग्न

हुए आनन्द मग्न
चैतन्य का महासागर
आनन्द सागर
अनन्त ऊर्जा का प्रस्फुटन
अस्तित्व का स्फुरण
केन्द्र बिन्दु
आनन्द सिन्धु
अस्तित्व का आनन्द
भोगना समाधि सुख
सब कुछ प्रकाशित
आत्मा आह्लादित
आयी
अस्तित्व की अनन्त गहराई
मस्ती छायी
हर ओर से मुड़ा
केन्द्र से जुड़ा
फैला उजाला
मैं मतवाला
न कोई युक्ति
न कोई योगा
बस अस्तित्व का
आनन्द भोगा
कट गया सब दुःख
प्रकट हुआ जब
समाधि सुख
महासुख
अब न कोई प्यास
न कोई भूख
आया मजा मेरे खोने का
आनन्द सिर्फ मेरे होने का
होकर आत्ममुख

आया महा आत्मसुख
जो है शुद्धतम
नित्य, शाश्वत
निर्द्वन्द्व
अद्वैत

विक्षिप्तता

हर आदमी चिंतित, उद्विग्न
तनाव से भरा हुआ
समझो उसे मरा हुआ
सफलता की छटपटाहट
विक्षिप्तता की आहट
बिलकुल भयभीत
किसी से न कोई प्रीत
माया-मोह में जकड़ा
हवस को पकड़ा
मद में ऐंठा
जिराक्स बना बैठा
आलय में
विद्यालय में
हर कार्यालय में
प्रत्येक मंत्रालय में
दौड़-भाग
अलापता एक ही राग
करो विकास
निरर्थक प्रयास
खोकर सुख
एकत्रित कर रहा दुःख
और तनाव
आत्मज्ञान का अभाव
विक्षिप्तता का प्रभाव
प्रदर्शित
न कोई सुखी
न कोई हर्षित
होकर अज्ञान का बंदी

बना लिया करोड़ों प्रतिद्वंदी
सबकी एक ही धुन
बुन रहे जाल
बस कमाकर माल
पागलपलन के शिकार
अनेक प्रकार
जी रहे जिन्दगी उदार
खोकर अपना होश
मिट गया जोश
जिन्दगी फुस्स
बने गये हूस
हो गये मनहूस

विस्मरण

मन को भूला
तन को भूला
सब कुछ छोड़ा
केन्द्र से नाता जोड़ा
सारा बंधन तोड़ा
स्वयं को मोड़ा
करके विस्मरण अपना
हो गया स्मरण आत्मा का
उत्पन्न हुआ आनन्द
सिर्फ मेरे होने का
अब कोई कारण न रहा रोने का
रह गया बाहर मन
अन्दर हम हो गये केन्द्रित
अन्तर्मन में
अन्तर्तम में
सघन चेतन में
बहता गया आनन्द में
खो गया सत्चिदानंद में

उच्छिष्ट

दुःख मिश्रित सुख
होकर स्वयं से विमुख
भोग रहे हो दुःख
कहते हो सुख
सब है अशुद्ध
कुछ भी नहीं है शुद्ध
इस संसार में
भरी है ऐंठन
भोग रहे हो जूठन
किसी का छोड़ा हुआ
बासी
सड़ा-गला
कैसे होगा तुम्हारा भला?
भोगकर उच्छिष्ट
हो रहे बीमार
पागल संसार
सब कुछ उदार
शिष्टाचार
आचार-व्यवहार
कैसे होगा सुधार
आओ आज
लगाओ आवाज
खाओ शुद्ध अनाज
ज्ञान का
आत्मज्ञान का
मन को करो शुद्ध
बनकर बैठो बुद्ध

प्लेसबो

एक भरोसा
ममता का
वात्सल्य का
प्यार का
इकरार का
स्वार्थ के प्रयास का
इन्हीं रिश्तो में जकड़ा
माया-मोह में पकड़ा
लाभ-हानि की गणना करता
दिन-रात मरता
आती जड़ता
जीवन खोता
अंत में रोता
जिससे डरता
वही होता
सब हवा
ये झूठी दवा
टूटा विश्वास
उखड़ गयी साँस
रह गयी आस
कोई नहीं पास
सहयोग को
कोसते भोग को
समय के दुरुपयोग को
ये अज्ञान की अधिकता
छायी मादकता
एक बेहोशी
स्वयं दोषी

एक सम्मोहन जो
वही है प्लेसबो
इससे मुक्त हो
बढ़ो विवेक की ओर
जो है एक छोर
वितर्क का योग
साधो प्रयोग
छोड़ो रोग
तुम आत्मवान हो
अहम खो
तोड़ो प्लेसबो।

मंत्र

मन ही मंत्र
शक्तिशाली यंत्र
पुनरुक्ति
एक शक्ति
एक रूपान्तर
चल रहा जन्म जन्मान्तर
स्वयं को दोहराने का
रूप अपनाने का
एक तरीका
जो सबने सीखा
जीव
निर्जीव
नदी खुद को दोहरा रही
झरना भी स्वयं को दोहरा रहा
आदमी, फिर आदमी बनकर आ रहा
सब प्रक्रिया मंत्रवत
संसार चल रहा यंत्रवत
हो गयी हद
बन गयी आदत
विवेक का जब लगेगा शॉक
तब निकलेगी आग
सब बंधन जलायेगी
जब टूटेगा मंत्र
आत्मा होगी स्वतंत्र
बिखरेगा संयंत्र।

चक्र

चक्र
एक पुनरुक्ति मन का
जन्म का
फिर मृत्यु का
जो चक्र तोड़
इसे छोड़
निकल गया
ब्रह्म में मिल गया
वह सिद्ध पुरुष
परम पुरुष
जो प्रयत्नशील
वह साधक
पुनरुक्ति
चित्त का स्वभाव
तुमने मन को स्वयं पकड़ा
खुद को रिश्तों में जकड़ा
चक्र चल रहा
वर्तुलाकार
मृत्यु
फिर मन लेता आकार
रूप साकार
तुम बेहोश
खो गया जोश
आलसी, प्रमादी
पुनरुक्ति के आदी
जन्म-मरण
पालन-पोषण-भरण
पुनरुक्ति बारम्बार

चल रहा संसार
काटो अज्ञान
लगाओ ध्यान
टूटे चक्र
फूटे धारा
ऊर्जा की
आनन्द की
मुक्त हो मन से
आत्मा से
संयुक्त हो
परमात्मा से

आत्मा और मन

आत्मा चेतन है
चित्त है
होता है
मन सतह है
आत्मिक केन्द्र का
परिधि है
लहर की तरह मन
आत्मा के सागर में
उठती हुई
तरंग
भाव रंग
प्रकीर्णित
तन में व्याप्त
चेतना ही आत्मा है
आत्मा ही चेतना है
विकेन्द्रित चित्त
जब होती है
संकेन्द्रित
तब बनती है
आत्मा
जो है मौलिक तत्व
तुम्हारा अज्ञान यही कि
स्वयं से अलग
समझते हो आत्मा को
जो है अभिन्न
है ज्ञान का स्रोत भी वही
प्राण का स्रोत
ऊर्जा का स्रोत भी

कर्ता भी वही
असली कलाकार भी वही
यही करता है विवेक से
सार्थक और व्यर्थ का अन्तर
यही ज्ञानवान
यही विवेकवान

भेद न कर पाना अविवेक
जो है माया
आत्मा पर अज्ञान की छाया
बनकर प्रसरित
काटो इसे
आत्मज्ञान से
आत्मा की पहचान से

तृप्ति

वासना से नहीं होती तृप्ति
रह जाता है अभीप्सित
अतृप्त
जो बनता है कारण
चक्र का
बस करके मन को शुद्ध
बन जाओ बुद्ध
आये निर्वासना का प्रकाश
नया आकाश
आँखें बंद
मुस्कुराओ मंद-मंद
बुद्ध की तरह समझो
संसार की व्यर्थता
टूटे मोह का आवरण
छूटे चक्र
बंद हो मरण
अन्यथा
भोगों से नहीं हो सकते तृप्त
रहोगे अतृप्त

स्वकेन्द्रित

आत्मा तुम्हारी बंद है
पद में
धन में
लाभ में
प्रतिष्ठा में
मोह में
आत्मा रस खोजती होगी
तुम्हारे अन्दर ही
भटक रही
जय-विजय में
दुःख-सुख में
रिश्ते-नाते में
परतंत्र है
अज्ञान से बँधी
निर्भर है दूसरे पर
बिखरी है यहाँ-वहाँ
बेटे में
पत्नी में
मस्ती में
जवानी में
आग में
पानी में
रस खोजती
आनन्द ढूँढ़ती
वस्तुओं में
नहीं हुई संतृप्त
रह गयी अतृप्त
आओ

सत्य से टकराओ
बनो स्वकेन्द्रित
आत्मनिर्भर
अन्दर की ओर झाँको
अन्तर्मन में ताको
बुझ जायेगी प्यास
हो जाओगे तृप्त
हो कर स्वकेन्द्रित।

साधु

मैं साधुता
विराट से जुड़ा हुआ
अपनी ओर मुड़ा हुआ
टूट गया गागर
मैं लहर
बन गयी सागर
खो गया अहंकार
भर गया प्यार
महासागर में विलीन
ब्रह्म में हो गया लीन
हो गया निरुपाप
पाप का न रहा कोई उपाय
विकल्प बचा नहीं
बची नहीं पृथकता
यही है साधुता

पाप और पुण्य

पाप,
स्वयं को अस्तित्व से
अलग समझे जब आप
पुण्य
अस्तित्व के साथ
स्वयं को रखे अक्षुण्ण
एकाकार हो अस्तित्व से
अभिन्न हो व्यक्तित्व से
एक हो भाव से
एक हो स्वभाव से
पाप है समझना अलग
सागर से लहर को
विश्व से शहर को
भिन्न-भिन्न रूप में
भिन्न-भिन्न प्रारूप में
स्वयं को साधना
भिन्नता में बाँधना
जानिए अखण्ड रूप को
पहचानिए अपने स्वरूप को
कट जायेंगे सारे पाप
जब एकाकार हो जायेंगे आप।

माया

क्या है सार्थक ?
क्या है निरर्थक ?
क्या है मूल्य ?
क्या है ज्ञान ?
क्या है अज्ञान ?
क्या है सत्य ?
क्या है असत्य ?
क्या है धर्म ?
क्या है अधर्म ?
क्या है उचित ?
क्या है अनुचित ?
क्या है भेद न कर पाना ?
मदहोशी से भर जाना
अविवेक है
यही माया है
जो अब तक समझ में आया है
विवेक ही ज्ञान है
अविवेक ही अज्ञान है
जो हमने खोज पाया है
अविवेक की माया है

मोह

मोह एक खुमारी है
जो तुम्हारे ज्ञान पर भारी है
ये एक तरह की बीमारी है
जो पकड़ी है तुम्हारे मन को
निरर्थक बनाते हैं जीवन को
मोह का आवरण
भ्रष्ट करता है आचरण
नशे की तरह छाया रहता है
मन में समाया रहता है
कहाँ से आ रहे हो ?
पक्का पता नहीं
कहाँ जा रहे हो ?
पैर डगमगाता
जीवन लड़खड़ाता
चल रहे हो
सार्थक जीवन से फिसल रहे हो
धोखा देकर स्वयं को
तुष्ट करके अहं को
तुम रोये तो जग हँसा
मोह है एक नशा
रिश्तों का
निरर्थक बातों का
होकर अस्तित्व शुद्ध
बनकर बुद्ध
तोड़ सकते हो
मोह-पाश को
होकर निर्वासना
बचे न कोई वासना

छूटे दूसरा
जो बना है तुम्हारे जीवन का केन्द्र
लौटो वापस
झाँको अन्तर्मन में

चौथा तल

प्रथम तल
तुम्हारा तन
मिटाओ
और ऊपर आओ
दूसरा तल
तुम्हारा मन
इसे भी खो दो
ज्ञान की किरणों से धो दो
तीसरा तल
तुम्हारी आत्मा
इसे भी छोड़ो
नये आकाश रो नाता जोड़ो
नयी ऊर्जा लगाओ
और ऊपर आओ
चौथा तल परमात्मा
इसी में खो जाओ इसी का हो जाओ ,
बनकर साधक
हटाकर सब बाधक
मैं को करो विलीन
इसी में हो जाओ लीन
यही है ऊर्जा का मूल स्रोत
ये सब में है ओत-प्रोत
पर जटिल है व्यवस्था
इसीलिए कठिन है
पाना सिद्धावस्था
पर नहीं है निरुपाय
प्रयत्न है उपाय
हुई आँख बंद

मैं से स्वच्छन्द
खिला आनन्द-कमल
आया चौथा तल
ऊर्जा का विस्फोट
प्रकाश का प्रादुर्भाव
मिटा सब अभाव
हुआ स्थित स्वभाव
आत्म भाव

ज्ञान

ज्ञान का अर्थ
सूचनाओं का बोझ नहीं
पांडित्य प्रदर्शन नहीं
तकनीकी जानकारी नहीं
वैज्ञानिक खोजबीन नहीं
गणितीय सूत्रों का हल नहीं
स्मृतियों का भण्डार नहीं
ज्ञान तो बोध है
होश है
आत्मा का विवेक है
वितर्क है
ध्यान है
जागरूकता है
जो ईंधन है आत्मा का
जो ले जाता है
तुरीय अवस्था तक,
जिससे दौड़ती है
आत्मा में जीवन-धारा
रूखी-सूखी-भूखी आत्मा
तृप्त होती है
ज्ञान से।

परमात्मा

ज्ञानाभाव
सोयी हुई आत्मा
आते हैं स्वप्न
तरह-तरह से विचार
इच्छाओं का तूफान
महत्त्वाकांक्षाओं की ज्वाला
धधकती हैं
लोभ-मोह, राग-द्वेष
पनपता है
कहीं कुछ खनकता है
मन भ्रमित-सा
वासना के पीछे-आगे
अतीत- भविष्य हवा में तैरता है
जीवन हिचकोले खाता है
आदमी संसार में आता-जाता है
बस!
जैसे ही तुम जागे
सब कुछ भागे
बस!
होश में आये
सब कुछ गवाँये
न भूत न भविष्य
केवल वर्तमान
नष्ट हुए चित्त के सारे रोग
चक्र, पुनर्चक्र, पुनरुक्तियाँ विलीन
सारे वर्तुल लीन
बचे तुम शुद्ध
होकर निकले बुद्ध

निर्मल, निर्दोष
अनछुए, ताजे-ताजे
ओस की तरह
चमकते तरल
बिल्कुल सरल
महकते फूल की तरह
खिले गुलाब जैसे
प्रकाशित सूर्य जैसे
पवित्र गंगा जैसे
क्षण के पार
समय के आर-पार
सम्पूर्णता में उपस्थित
स्व में स्थित
तुम हो परमात्मा
यह नहीं है कोई व्यक्ति
जिसकी करो तुम भक्ति।
यह है अवस्था ज्ञान की
बुद्धि की
जिसे जाना महावीर ने
बुद्ध ने
कबीर ने।

महाचित्त

चित्त ही आत्मा है
महाचित्त परमात्मा है
जैसे सागर में उठी लहर
रूप है सागर का
गुण-धर्म है सागर का
विलीन होकर
फिर उठती है सागर में
चित्त रूपान्तरण है आत्मा का
महाचित्त परिणति है परमात्मा की
क्षुद्र में विराट समाया है
क्षुद्र विराट से ही आया है
विराट भी क्षुद्र स्वरूप है
मूल कण प्रसरित है अनन्त में
ऊर्जा व्याप्त है ब्रह्माण्ड में
सर्वत्र फैली है
संघनित होकर ऊर्जा
निर्मित करती है चित्त
मूल कणों का परिणाम
जो ऊर्जा के आयाम
बनाते हैं चित्त
मिलकर बनता है
महाचित्त।
होकर एकाकार
महाचित्त
महाकार।

तत्त्वमसि

वह तुम हो
जिसकी तलाश में हो
वह तुम हो
जो आनन्द का स्रोत है
ऊर्जा का केन्द्र है
वह तुम हो
जो ज्ञानमय है
जो कर्ता है
जो सक्रिय और सजीव है
वह तुम हो
जो ध्यान का केन्द्र है,
जो समाधि का बिन्दु है
अमृत का सिन्धु है
वह तुम हो
जो मोक्ष का द्वार है
जो निर्वाण का आधार है
कैवल्य का साधन है
वह तुम हो
जो साँस ले रहा है
जो क्षुद्र है
विराट है
वह तुम हो
जो कण-कण में समाया है
जिसकी सत्ता है
जिसका अस्तित्व है
जो चेतना है
वह तुम हो
जो सूर्य है

चाँद है
तारा है
वह तुम हो
जो प्रकाशित है
जो ऊर्जामय है
वह तुम हो जो अनन्त है
वह तुम हो
जो शून्य है
वह तुम हो
जो महाकाय है
वह तुम हो
जो अति सूक्ष्म है
तुम हर जगह
हर कहीं हो
तुम कहाँ नहीं हो
हर जगह
तुम ही तुम हो
तुम ब्रह्म हो

नर्तक

नृत्य और नर्तक
अलग नहीं
जैसे
तुम्हारा कृत्य
और तुम्हारा अस्तित्व
नृत्य निकलता है
नर्तक से
और कृत्व
आता है अस्तित्व से
नर्तक ठहर जाये
नृत्य बंद
अस्तित्व रुक जाये
कृत्व बंद
जो कुछ किया
तुमने किया
दुःख-सुख के मूल तुम
कृत्व और नृत्य
तुम्हारा स्वभाव है
जैसा नृत्य
वैसा जीवन बनेगा
तुम्हारा जीवन
निर्भर है तुम्हारे ऊपर
जो निकलता है
तुम्हारे ही अन्दर से
तुम्हारे मूल स्वभाव से
ऊर्जा यह है कि
तुम स्रोत हो
प्रकाश के

आनन्द के
ऊर्जा के
शान्ति के
निर्वाण के
प्राण के
आत्मा ही सर्जक है
आत्मा ही नर्तक है
लय, ताल, छंद की
जीवन के विभिन्न रंग की

त्वरा

जसकी खो गयी त्वरा
समझो वह है मरा
जिन्दा रखो जीवन में त्वरा
सदैव रहो हरा-भरा
नितान्त जरूरी है तीक्ष्णता
विचार में तीव्रता
कार्य में तीव्रता
होश में तीव्रता
ज्ञान में सूक्ष्मता
भाव में तीक्ष्णता
सुख में तीव्रता
वर्ना खो जायेगा सुख
होकर नीरस
थक जायेगा जीवन
नीरसता के भार से
दबकर मर जायेगा जीवन
बोरियत से
यानी ऊब से
पुनरुक्ति की उदासी से
निराशा की शिथिलता से
तुम मर जाओगे
बचोगे नहीं
उत्तेजना जरूरी है जिन्दगी में
जो ताप है
जलाता है चिंता को
तनाव का
त्वरा तीव्र करता है
आत्मा के प्रभाव को

चेतना के बहाव को
गति देता है
राग-द्वेष को
जीवन के भिन्न ढंग को
आनंद के सतरंग को
ताल-लय-सुर-छंद को।

गृहस्थ

जो तड़प रहा है
संघर्षरत है
आनन्द से विरत है
राग में रत है
इकट्ठा कर रहा
हर झंझट
झेलता है हर संकट
बवाल से घिरा है
जाल में फँसा है इच्छाओं के
चंगुल में है लालसा के
दबा है वासना के भार से
काँप रहा दुःख की मार से
टकरा रहा महत्त्वाकांक्षा से
प्रभावित है असफलता से
दुःखी है हार से
सदैव रहता है कुछ की चाह में
कराह रहा है किसी की आह में
घिरा है माया से
ममता से
लटका है अहं में
भटका है सम्बंधों में
खोजता है
सुख-शान्ति वस्तुओं मे
मस्त है भोग में
लगा है विकास में
जुटा है प्रयास में
इतिहास बनाने के
फँसा षड्यंत्र में

उलझा है कुचक्र में
घूम रहा चक्र में
आनंदित है कामवासना में
फँस कर दुर्वासना में
अस्वस्थ है
दवा खा रहा
बड़े-बड़े डॉक्टर को दिखा रहा
पीडित है कैंसर से
टी.बी. से
सुगर से
हृदय रोग से
कोस रहा भाग्य को
घण्टियाँ बजा रहा मंदिर की
आराधना कर रहा भगवान की
भरोसा तोड़कर अपने ज्ञान की
भजन कर रहा भगवान की
यही अंत है धनवान का

साधुता

साधु वह है
जो सब कुछ बाँट दिया
वासना छाँट दिया
सब कुछ लुटा दिया
कुछ बचा नहीं पास में
संलग्न है ध्यान के अभ्यास में
मस्त है अपनी मस्ती में
जुड़कर अपनी हस्ती से
आनंदित है स्वयं में
विलीन हो गया डर-भय
आह्लादित है सदैव
कमी नहीं किसी बात की
चिंता नहीं दिन-रात की
किसी के जज़्बात की
परवाह नहीं इच्छाओं की
साध लिया जो मन को
दबोच लिया लोभ, मोह, तृष्णा को
आवश्यकता नहीं धन की
दूर कर लिया अज्ञान को
उपलब्ध हो गया आत्मज्ञान को
दूर हो गया सूचनाओं के भण्डार से
कट गया कुविचार से
तर्क-वितर्क से
छूट गया जो माया से
राग से
बचा लिया जो मोह से
ध्येय जो पा लिया
जीवन का
स्थित है

अपने ही केन्द्र में
प्रकाशित है जो
अपने ही प्रकाश से
सत्य के आलोक में
तब जन्म लेती है
साधुता
कट जाती है
सारी बाध्यता
मगन होकर
तब है नाचता

रंगमंच

खेल भीतर चल रहा
तुम भीतर से आ रहे
इच्छाएँ भीतर से आ रहीं
भावनाएँ भीतर से उत्पन्न हो रहीं
परिणाम बाहर दिखायी पड़ रहे
प्रोजेक्टर अन्दर है
अन्तरात्मा के रंगमंच पर
आत्मा नृत्य कर रही
तुम भूल गये हो
प्रक्षेपक को
उसका प्रतिफलन देख रहे हो
अन्दर जैसा है
बाहर वैसा है
देखते वही हो
जो देखना चाहते हो
काम वासना अन्दर है
तो बाहर वही चाहते हो
सौन्दर्य अन्दर है तो
बाहर भी सौन्दर्य चाहते हो
हिंसा अन्दर है
तो बाहर भी हिंसा चाहते हो
शान्ति अन्दर है
तो बाहर भी शान्ति चाहते हो
ये अजीब दुनिया है
समझते उल्टा हो
तो रोते हो
अपने कारणों से दुःखी होते हो

राग

राग
आसक्ति है संसार से
आकर्षण है वासना से
बंधन है जीवन का
फंदा है आत्मा का
आधार है मन का
मूढ़ता है तुम्हारी
रँगे हो अज्ञान से
पुते हो इच्छाओं से
गर्वित हो अहं से
एक परदा है बुद्धि पर
धूल है विवेक पर
एक सम्मोहन है
मन पर
आँखों पर
तृष्णा के प्रभाव में
तुम्हारी गुलामी का कारण है राग
मालिक बन बैठा है राग
विस्मरण है अपनी असलियत का
राग से उत्पन्न है मन
आच्छादित है आत्मा मन से
मन है एक मूच्छी
जो आती है राग से
यही समस्त साधना का केन्द्र-बिन्दु
आत्मज्ञान का आधार
राग के रंग को पहचान लो
मन की गुलामी तोड़ दो
राग को छोड़ दो।
स्वयं को अपने अस्तित्व से जोड़ दो।

यंत्र

यंत्र शरीर है
मसला गम्भीर है
ध्यान से समझो
आत्मा कोई यंत्र नहीं
यंत्र शरीर है
जिसे भूख लगे
प्यास लगे
चेतना को
कोई भूख, प्यास नहीं
ऊर्जा चाहिए यंत्र को
आत्मा तो ऊर्जामय है
न उसका कोई क्षय है
शरीर का उपयोग है
एक भोग है
एक योग है
एक जमीन है
एक आकाश है
एक स्वर्ग है
एक नर्क है
समझो ऐसे
कि जैसे
तुम यंत्र से काम लेते हो
तुम यंत्र को खराब मत करो
ज्यादा खाकर,
या ज्यादा बचाकर
ये माध्यम है
ऊपर -नीचे जाने का
सत्य पाने का

जिसे खोजा बुद्ध ने
महावीर ने
कृष्ण ने
कबीर ने

सत्व

सत्व
तुम्हारी आत्मा है
तुम्हारा जो वास्तविक अस्तित्व है
जिसे गड़बड़ करती है बुद्धि
सूचनाओं के भण्डार से
विभिन्न विचार से
संक्रमित कर
वश में करती है अपने
सृजन कर संसार का
विलोपित करती है आत्मा
सत्व खो जाता है
आदमी बुद्धि का हो जाता है
वश में करो इसे
चाहे जैसे
योग से
या ध्यान से
या ज्ञान से
जैसे बुद्ध ने किया था
नया जीवन जिया था
गुलाम बनाकर बुद्धि को
मस्तिष्क बनकर स्वयं
पहचानकर अपना अस्तित्व
निर्मित किया था नया व्यक्तित्व
जो है अमरत्व
यही है सत्व

बहुचित्तवान

नौकर एक
मालिक अनेक
तमाम आशाएँ
किसकी सुनें
किधर जायें
अनेक मन
हो गया पागल जीवन
आदमी विचारों से भरा
जीता है मरा मरा
खुद को बनाओ मालिक
इन्द्रियों को बनाओ नौकर
करो मन को वश में
होगी सत्व की सिद्धि
स्वातंत्र्य फलित सहज
महज,
स्वयं मालिक बनने से
विलीन होंगे बहुचित्त
बचेगी आत्मा
केवल आत्मा

संत

जो शान्त है
वही संत है
जो चला गया मन के पार
प्राप्त हुआ मोक्ष को
निर्वाण को
कैवल्य को
भीतर वही
बाहर वही
जिसके पैदा हुआ
साक्षी भाव
द्रष्टा भाव
हर फासला गिर गया
द्वैत समाप्त
द्वन्द्व खत्म
उत्पन्न हुआ अद्वैत
वही महन्त है
वही संत है
वही ज्ञानी है
वही विद्वान है
वही आदमी महान है

अमरबेल

अमरबेल
जिसकी कोई जड़ नहीं
कोई बीज नहीं
कोई अस्तित्व नहीं
अपना व्यक्तित्व नहीं
मन की तरह
जीवित है शोषण से
दूसरे के पोषण से
खुद जीती है
दूसरे को सुख देती है
कायम है अनन्त जन्मों से
तुम्हें घेरे है
तुम्हारा मन
अमरबेल की तरह
खींच रहा है।
सारी जीवन ऊर्जा तुम्हारी
तुम रूखे-सूखे हो
सदियों से भूखे हो
जैसे अमरबेल,
पूरा वृक्ष मारता नहीं
मन भी तुम्हें
कुछ जीवित रखता है
अपने पोषण के लिये
वो पैदा ही हुआ है
तुम्हारे शोषण के लिये
आओ
अब ध्यान लगाओ
मोती पाओ

मन को मारो
उखाड़ फेंको
मन के जंजाल को
सारे बवाल को
मत बनो दीन-हीन
हो जाओ मन-विहीन
शून्य
महाशून्य
मन का विलय
समाधि में लय।

ध्यान

ध्यान साध्य नहीं है
साधन है
किसी बीज की तरह
अंकुरित होता है
खिलता है
सुगंध बिखरती है
फलित होता है
अध्यात्म की उँचाइयों में
अस्तित्व की गहराइयों में
मैं विलीन
सत्ता में लीन
निर्विचार
एकाकार
निर्लिप्त
अनंत ऊर्जा का विस्फोट
जीवन की खोज
सत्य का मंदिर
आया
मैं पाया
परम शान्ति
असीम शान्ति
अन्तरात्मा का स्नान
सत्य के आलोक में
नये लोक में।

 जागा हुआ सा कुछ / डॉ.राकेश ऋषभ

आसनस्थ

बस बैठा हूँ
सिर्फ बैठा हूँ
पूर्णता में बैठा हूँ
न बाहर कुछ
न भीतर कुछ
सब कुछ रुका हुआ
एकदम स्थिर
शान्त
मौन
शरीर का पता नहीं
मन गायब
विचार है नहीं
धरती, चाँद, सूरज लापता ,
सिर्फ बैठा हूँ
न बचा
सुख और दुःख
सिर्फ बैठा हूँ
तुमुल नाद जारी
न कोई क्रिया
न कोई प्रतिक्रिया
बस आसनस्थ
चिदात्म सरोवर में निमज्जित
ब्रह्म में
परम आनंद में लीन

मृत्यु

गरीब भी असफल
धनी भी असफल
जीवन कहाँ सफल ?
जब तक मृत्यु को न जीते
निडर जीवन न बीते
सब छीन लेगी
मृत्यु जब आयेगी
बस कठपुतली की तरह नाचे
मालिक कोई और
स्वयं बेहोश
नशे में दौड़-भाग करते रहे
युगों-युगों तक मरते रहे
इकट्ठा किये कूड़ा-करकट
दौड़े सरपट
माया मोह में खोये
अंत में रोये
मरे दीन-हीन-दरिद्र की तरह
मृत्यु बना दी तुम्हें कोरी स्लेट
जिस पर फिर लिखोगे जीवन
विकसित होगा सम्बंधों का अन्तर्जाल
अभी है अवसर
सुधर जाओ
अभी होश में आओ
मृत्यु को जीतो
स्वप्न से जागो
अज्ञान से भागो
अमृत की ओर
आओ

तन्द्रा तोड़ो
स्वयं को सत्य से जोड़ो
प्राप्त करो जाग्रत से भी पार
की अवस्था
तुरीयावस्था
जहाँ मृत्यु खो जायेगी
बचेगा साक्षी
बस द्रष्टा।

अहर्निश

बैठा ध्यान में
हुआ लीन
मैं गिर गया
तू गिर गया
उठा अहर्निश नाद
निनाद
गूँजा अहम् ब्रह्मस्मि
बूँद सागर हो गयी
बीज वृक्ष हो गया
प्यास बुझ गयी
आत्मा परमात्मा हो गयी
सीमा मिट गयी
असीम हो गया
शिवतुल्य
समदर्शन में ठहरा हुआ बुद्ध।

शिवत्व

शिवत्व
भीतर तुम्हारे बैठा है
सहज पा सकते हो
बस अन्दर की ओर मोड़ो स्वयं को
समय बिलकुल नहीं लगेगा
वह वर्तमान में ही है
न अतीत में
न भविष्य में
बस मुड़ो अन्दर
प्याज की तरह उतारो
अज्ञान की परतें
अंत में बचेगा जो
शिवत्व है वो
तुम शरीर नहीं हो
सोचो जरा
जब कोई अंग कटा
जैसे हाथ या पैर
पर तुम पूर्ण तब भी होते हो
कहीं से कटते नहीं हो
न हाथ से
न पैर से
तुम गलत नहीं हो जैसे
बस कृत्य गलत होता है
तुम नहीं
मानते खुद को कुरूप
शरीर हो सकती है
बुरे भी नहीं होते हो तुम
बुरा कृत्य होता है

तुम रहते हो निश्चिन्त मृत्यु से
जैसे कभी मरोगे नहीं
सच भी यही है
तुम नहीं मरोगे
यह तुम्हें भी है पता
मरेगी शरीर ये
तुम शिवत्व के पर्याय हो
जो शाश्वत है।

अंतरविलास

स्वशक्ति का प्रचय
फूटकर झरना-सा बहता है
आनन्द शतत
मुख मोड़ो उधर
परमात्मा नाच रहा है अन्दर
जीवन आनन्द का महोत्सव है,
दुःख तुम्हारी उत्पत्ति है
तुम्हारी कल्पना है
तुम्हारा अंधापन है
तुम्हारा अज्ञान है
प्रज्ञा को उपलब्ध
बुद्धत्व में ठहरा
आनन्द का स्रोत होता है
प्रतिपल सुख में रहता
बहती धारा सुख की
दुःख स्पर्श भी नहीं करता
धर्म कोई त्याग नहीं
परम विलास है
जीने का एक ढंग है
मस्ती का एक रंग है
ज्ञान से फलित होता है आनन्द
बरसता है अमृत
जहाँ कोई मृत्यु नहीं।

करुणा

ज्ञान की परम दशा
है निर्वाण
यही है कैवल्य
यही है मोक्ष
हो अर्हत
आत्मज्ञानी
करुणा के वशीभूत
बनते हैं बोधिसत्व
या कहिए तीर्थंकर
अवतार लेते हैं
फिर आते हैं
उद्धार करने मानवता का
शुष्क आत्मज्ञानी
प्रज्ञा को उपलब्ध
शेष न हो कोई भी वासना
खो जाता है शून्य में
यदि करुणा भी न हो शेष
खो जाती है लौ अशेष में।

मन

मन है सेतु
आत्मा और शरीर का
मंत्र वही है
जो मारे मन को
मुक्त करे आत्मा को
शरीर से
होकर मन से शून्य
उपलब्ध हो सकते हो
शिवत्व को
अमरत्व को।

प्रार्थना

प्रार्थना तुम करते हो
प्रार्थनामय होते नहीं
इसीलिए फलित होती नहीं
कोई प्रार्थना
या कोई सम्भावना
जो तुम्हें कर सकती है परिवर्तित
या रूपान्तरित व्यक्तित्व को
कृत्य महत्त्वपूर्ण नहीं
महत्त्वपूर्ण है अस्तित्व
तुम्हारा होना
प्रार्थना करना
तभी सार्थक है
या उसका अर्थ है
जब केन्द्र में हो तुम्हारे प्रेम
घटित होगी परिधि पर प्रार्थना
कार्य नहीं परिणाम है प्रार्थना
प्रेम का
ज्यों
या कहें यों
तुम्हारे केन्द्र में है
अगर अहर्निश शान्ति
तभी परिधि पर फलित होगा ध्यान
भी है परिणाम अहर्निश शान्ति का
कृत्य नहीं है ध्यान
होना है प्रार्थना
प्रेम साकार
अस्तित्व से एकाकार
जैसे धर्म सम्बन्धित है अस्तित्व से

वैसे प्रार्थना सम्बन्धित है व्यक्तित्व से
न कि कृत्य से
समझो इसे ऐसे
कि जैसे
केन्द्र बदलने से
बदल जाती है परिधि
न कि परिधि बदलने से
बदलता है केन्द्र
जैसे बदलती है छाया
न कि स्रोत
बदलता है छाया से
यदि तुम्हारे अन्दर
जागा हुआ-सा कुछ है
क्षण-क्षण होश है
अपने होने का
अस्तित्व की
तभी जीवन है
तपश्चर्या
मुक्त हो मन से
कभी अभिव्यक्त न हो तन से।

ईश्वर

ईश्वर परिधि पर नहीं
केन्द्र में है
कर्म में नहीं
अकर्म में है
वस्तुओं में नहीं
तुम में है
जहाँ सिर्फ तुम हो
तुम्हारा अस्तित्व है
तुम्हारा होना मात्र है
जो शिवतुल्य का पात्र है
साक्षी भाव को उपलब्ध है
द्रष्टाभाव जाग्रत है
उसे जरूरत नहीं
पूजा की
प्रार्थना की
मंदिर की
मस्जिद की
उसका आचरण ही साधना है
उसका बोलना ही जय है
उसका होना ही ध्यान है
वहाँ अज्ञान नहीं
वहाँ अंधकार नहीं
वह शिवतुल्य है
वह ईश्वर है
उसे खोजो नहीं वस्तुओं में
क्षण भंगुर संसार में
बस आविष्कृत करो
अपने अन्दर।

अर्हत

ज्ञानपूर्ण हृदय
पुरुष-सा
शुष्क प्रज्ञा
हीनयान का पोषक
शिष्य
जो शिष्य ही रहा
गुरु न बन सका
करुणा भी शेष न रही
लीन हो गया ब्रह्म में
खो गया शून्य में
वासना-विहीन
शिवत्व को उपलब्ध
स्वेच्छाचारी
हुआ संकल्प का जन्म
जो कर सके निर्णय
अपने विषय में
लौटना है या नहीं
मर्जी अपनी चलाता है अर्हत
काट दिया
वासना की खूँटी
मोह की रस्सी
तोड़ दिया जो
न आयेगा कभी
पुनः जीवन-चक्र में

अस्तित्व

अस्तित्व
न प्रारम्भ है
न अंत
जो पहले भी था
बाद में भी रहेगा
जो बनने के पहले
अन्य रूप में था
मिटने के बाद
अन्य रूप में रहेगा
जिसका प्रारम्भ असम्भव
अंत भी असम्भव है
जिन कारणों से प्रारम्भ असम्भव
उन्हीं कारणों से अंत असम्भव
अस्तित्व को बनाने का उपाय नहीं
मिटाने का भी उपाय नहीं
अस्तित्व अनादि
और अनंत है
सनातन है
अस्तित्व से अनस्तित्व हो नहीं सकता
अनस्तित्व से अस्तित्व आ नहीं सकता
जैसे स्थान के बिना समय नहीं
बस सब खेल है रूपान्तरण का
आत्मचालित प्रक्रिया
स्रष्टा है नहीं
परमात्मा अंत है विकास का
जीवन स्वयम्भू है
आकृतियां बनेंगी-बिगड़ेंगी
सपने पैदा होंगे

और खोयेंगे
अस्तित्व सदा
रहेगा सबसे भीतर
वह एक ही है
बस व्यक्ति खोता है
अहंकार खोता है
अस्तित्व सदा होता है
बस गिरती है भित्ति
फिर आता है बदला हुआ चित्त
अस्तित्व।

जड़ और चेतन

जड़ और चेतन
कण और ऊर्जा
एक हैं दोनों
जड़ अप्रकट चेतन
चेतन प्रकट हुआ जड़ है
अन्तर सिर्फ मात्रा का
पदार्थ अपदार्थ
स्रोत एक
स्वभाव भिन्न है
दोनों आता है अस्तित्व से
चेतना सक्रिय ऊर्जा है
फर्क है दृष्टि का

वीतराग

न स्त्री विमुख
न स्त्री उन्मुख
राग गया
विराग गया
न प्रेम
न करुणा
न डर
न भय
न कोई बंधन
निर्द्वन्द्व
अद्वैत
न मोह
न त्याग
मैं अछूता खड़ा
बेशर्त
वीतराग

चैतन्य

मैं गहराई में डूबा
देख रहा हूँ मन को
आते-जाते विचार की धुंध को
सपनों के बादलों को
मेघ की तरह बरसते भावों को
अनुभावों को
भीगते मन को
रोते-हँसते मन को
वासना की आँधियों से घिरे मन को
लोभ- लालच के कीचड़ में धँसे मन को
अहंकार में फँसे मन को
क्षितिज पर फैली लालिमा की तरह आशा को
निराशा की गोद में बैठे मन को
मैं देख रहा हूँ
अंधकार से घिरे मन को
मैं देख रहा हूँ
मन के शौर्य और पराक्रम को
बस मैं देख रहा हूँ
होकर चैतन्य

धारणा

मैं देख रहा था बिन्दु को
महासिन्धु को
देखते-देखते सीमित हो गया
बिन्दु में
मन एकाग्र हो गया बिन्दु में
कुछ-कुछ होने लगा
बिन्दु में ही खोने लगा
बिन्दुमय हो गया
बिन्दु में ही खो गया
बचा नहीं शेष
मैं हो गया अशेष

बियांड

किसी को देखते हुए
मैं स्वयं को देख रहा था
दृष्य और दृष्टा के आर-पार
मैं रहा था निहार
खड़ा अपने अन्दर ही
एक होने में
प्रमाण है मेरे होने का
मन झट सिकुड़ गया
डर गया
फिर तत्क्षण मर गया
बचा मैं केवल
बिलकुल अकेला
परम स्वतंत्र
पूर्ण आत्मनिर्भर
पूर्ण संतुष्ट
परमात्मा का अंश
परमहंस

ज्योति

ज्योति अग्निधर्मा
आत्मा की तरह
दीया मिट्टी है
शरीर की तरह
जब तक ज्योति
दीये के सहारे
नहीं समझती स्व-स्वभाव
घेरे रहता है अँधेरा
दीपक हो
शरीर आत्मा को
ऊर्ध्वगामी नहीं होने देती
पर ज्योति दीपक नहीं
दीपक तो मिट्टी है
शरीर की तरह
आत्मा तो शरीर नहीं है
दीपक की तरह
ज्योति कट गयी दीपक से
अँधेरा अदृश्य
दीपक से
स्वतंत्र ज्योति
ऊर्ध्वगामी अग्नि की तरह
आकाश में
अकेली ज्योति
अब कोई नहीं अँधेरा कहीं
ऊपर नीचे-आगे पीछे
सब जगह प्रकाश
सिर्फ अँधेरा तभी तक
पहचानती नहीं आत्मा

जब तक स्व-स्वभाव
अग्निधर्मा होने का
तन से अलग होने को
स्वयं को मिट्टी समझने का
तभी तक अँधेरा
दीपक तले

ऊर्जारहित

ऊर्जा रहित आत्मा
नहीं दे सकता ऊर्जा तन
न तो मन
वह ऊर्जा पूरित है
जागतिक ऊर्जा का स्रोत है
शारीरिक और मानसिक ऊर्जा
जो पैदा होती है ईंधन से
अन्न से
जिसे केन्द्र नहीं लेता
शरीर और मन पुष्ट होता है
जिसका तादात्म्य नहीं केन्द्र से
जो ऊर्जा-रहित
महसूस हुआ
जहाँ से साँस आती है
जहाँ सांस जाती है
विलीन होती है
विलीन होती है श्वास
पकड़ में आया केन्द्र
क्षण में
अचानक एक पल में
महसूस हुआ
मन ठहरा हुआ-सा
श्वास ठहरी हुई-सी
एहसास एक नया
जागा हुआ-सा कुछ
आत्मोपलब्धि।

पति

पति होना भी
एक तरह की हिंसा है
दुर्व्यवहार है
एक निर्दोष स्त्री के प्रति
जिसे अपनी मालकियत समझते हो
जिसे भोगकर तृप्त होते हो
अहंकार में जीते हो
अपना पुरुषत्व दिखाकर
पत्नी के अस्तित्व से
कामनाओं की पूर्ति करते हो
उसे भी उतारते हो वासना में
समझते हो एक साधन
अपनी महत्वाकांक्षाएँ पूरी करने का
और डराते हो
धमकाते हो
तमाम उपद्रव करते हो
पति होने के अधिकार से
समझकर एक वस्तु एक अस्तित्व को
कोमल व्यक्तित्व को
दबा देते हो पति होकर
सहम जाती हैं
तरल भावनाएँ
मर जाती हैं सम्भावनाएँ
टूट जाते हैं सपने
नहीं कह पाती है पति को अपने
तो प्रेमविहीन
पति होना कदाचार है
सम्बन्ध बनाना व्यभिचार है

नीचे की ओर ले जाना अस्तित्व को
भंग करना सतीत्व को
पाप है
अपराध है आध्यात्मिक
दुःख होता है आत्मिक
और तुम खुश होते हो पति होकर
वह प्रमाण देती है सती होकर

मुनि

तृष्णा मर गयी
शरीर की जरूरत रह गयी
खाकर भी उपवासा
पीकर भी प्यासा
अब और कोई प्रयोजन न रहा
वासना से
जैसे कि पिता होकर भी पिता नहीं
पति होकर भी पति नहीं
दुनिया में रहकर भी
दुनिया में नहीं
वासनाएँ टूट गयीं
सम्बंध भी छूट गये
हो गये परम स्वतंत्र
मस्तमौला
मुनि की तरह
देखता आर-पार
अछूता रह गया संसार
बदल गयी दृष्टि
बदल गया व्यवहार

बुद्धत्व

बुद्धत्व
जब बचे न व्यक्तित्व
तिरोहित हो जाओ तुम
जैसे कि बूँद का
समाहित होना समुद्र में
लहर का खोना समुद्र में
जैसे कि कहीं से आते नहीं
इसीलिए कहीं जाते नहीं
सदा से हो
सदा रहोगे
समय की तरह
जो है अंश अस्तित्व का
स्पेस भी है हिस्सा अस्तित्व का
तो जायेगा कहाँ अस्तित्व
समय और स्पेस के अतिरिक्त का
वस्तुतः स्पेस और समय
ही अस्तित्व हैं
व्यक्तित्व का इसी में खोना
बुद्धत्व है
जैसे दीपक का बुझना
निर्वाण है

संसार

संसार एक प्रयोगशाला है
अनुभव के लिये
एक विश्वविद्यालय
सीखने के लिये
एक व्यक्ति
एक स्कूल है
तुम्हें गुजरना है अनुभव से
सत्य को पहचानना है
समग्रता से जीना है
जिससे फलित हो
पूर्णता और स्वतंत्रता
तिरोहित होगी पुनरुक्ति
जब होगी पीड़ा एक प्रशिक्षण
तुम होगे पूरे होश में
फिर क्रोध क्रोध न होगा
वासना वासना न होगी
फिर लौटना जरूरी न होगा
जब नासमझी चली जायेगी
आँख की पट्टी खुल जायेगी
तुम जिस क्षण जियोगे वर्तमान में
गुजरोगे सत्व, रजस, तमस से
द्रष्टा और दृश्य एक होगा
त्रिगुण मिटेगा
संसार तिरोहित होगा
उसी क्षण
फलित होगी
मुक्ति।

सातत्य

सतत गति समय की तरह
जीवन सातत्य है
सतत बहाव
जिसमें कोई बिन्दु नहीं
कोई पूर्णता नहीं
महामृत्यु के अतिरिक्त
बस बहे चलो
जीवन के प्रेम में पड़कर
सौन्दर्य से भरकर
आनन्द में डूबकर
जीवन जियो
भरपूर जियो
पक्षियों में कलरव के संग
हवा की मस्तियों में
नदियों की नजाकत में
मौसम की मधुरता में
समुद्र के रहस्य में
संयुक्त हो
जीवन जियो
बस होशपूर्वक
पूर्ण विकसित होकर
फूल की तरह
उड़ो तितलियों की तरह
मदमस्त किशोरी की तरह
अल्हड़ता से भरा
जीवन जियो
इस विकास की प्रक्रिया से
तुम अलग कुछ भी नहीं

अचानक कभी पाओगे
खुद को तेज भँवर में
ठहर जाओगे वहीं
विकसित होगी शून्यता
तुम्हारे भीतर जन्म लेगा
अद्भुत अन्तराकाश
परम आशीष
बुद्ध की करुणा
तत्क्षण बाहर हो जाओगे
सातत्य से

प्रमाद

तुम जागे हुए भी सोये हो
चलते हुए भी सोये हो
उठते-बैठते-खाते-पीते
तुम सोये हो हर समय
तन्द्रा का आवरण है
सूक्ष्म निद्रा की आगोश में हो
कहाँ तुम होश में हो ?
यही प्रमाद है
इसे जानो
इसे पहचानो
अब तो जागो
प्रमाद त्यागो
विवेक से जियो
विवेक से चलो
विवेक से खाओ-पियो
विवेक से सोओ
मूच्छर्ग तोड़ो
अवसर मत छोड़ो
चेतना जागृत हो
महसूस करो
जागा हुआ सा कुछ।

तृष्णा

वासना
जो तृष्णा है
जीवन के केन्द्र में
गुरुत्वाकर्षण की तरह
गति देती है
जीवन को
अपनी तरफ खींचने की
जो एक कशिश है
तृष्णा वही है
ये स्थिर नहीं होने देती जीवन को
अभी और
ये भी
वो भी
लगा रखी है
जीवन में धमाचौकड़ी मचा रखी है
चक्रीली है तृष्णा
पैदा किये रहती है
भागने की एक दौड़
बनकर रह गयी है जिन्दगी
जन्म-जन्म से चक्कर
लगा रहा है
जाते कहीं नहीं
बस लगता है
कहीं पहुँच गये
फिर कुछ दिखायी पड़ता है
हम दौड़ पड़ते हैं
उस ओर
जिसका कोई ओर न छोर

निरुद्देश्य भागते हैं
पीछे तृष्णा के
भगे थे जहाँ से
फिर वहीं आ जाते हैं घूमकर
कोल्हू के बैल की तरह
पट्टी आँख पर बाँधकर
गोल-गोल घूम रहे
कहते हैं कि जीवन
खूबसूरत है
खूबसूरती से जी रहा हूँ
मस्त होकर
कलापूर्ण जीवन
विविध रंगों से भरा जीवन
विविधता से भरा जीवन
पर, कला तो यही है कि
स्थिर होकर खड़े हो जाओ
भाग-दौड़ बंद कर
दर्शक बन जाने का विज्ञान
धर्म का विज्ञान
जो तोड़ता है तृष्णा को
डूबने से बचाता है
जागो और जिओ
वासना को छोड़कर
खड़े हो जाओ दर्शक की तरह
फिर कहीं लौटने का सवाल नहीं
सही है धर्म
जो छुड़ा दे तृष्णा की लत
रह जाऊँ अडूबा।

निगोद

पूर्ण से पूर्ण निकल गया
बचा पूर्ण पीछे
यही पूर्ण होने का प्रमाण है
पर अधूरे हो तुम
पूर्ण होने के प्रयास में हो
निगोद की अवस्था में
पूर्ण होना चाहते हो
मूच्छर्ा
बिना स्वतंत्रता है
अमूर्छा की स्थिति में
जो मिला ही था
खो गया है वही
जब हम थे
तब भी था वह
अब भी है वह
बस निगोद में
उसके होने का ख्याल चला गया
परतंत्रता की बेड़ी में जकड़ गये
वासना में पड़ गये
शान्ति से भी गये
आनंद खो गया
बंधन से प्यार
और मुक्त होना चाहते हैं
जो सम्भव नहीं
पर मुक्ति असम्भव नहीं
मोक्ष में मिलेगा वही
जो हमें मिला ही हुआ है
यह चक्र

स्वतंत्रता के केन्द्र पर घूमता
हम वहीं होते है
जो हम होना चाहते हैं
निर्णय स्वयं लेते हैं
पर मुक्ति हमारी आकांक्षा है
जो निगोद को तोड़कर आती है

बंधन

बंधन वासना का
चुनाव स्वयं करते हो
स्वतंत्र हो तुम
हर तरह के चुनाव के लिये,
चाहो तो हथकड़ी लगाओ
या फिर आभूषण धारण करो
स्वतंत्रता तुम्हारी
यह एक परम है
चरम है
चाहे तो वासना पकड़ो
कोई कहने नहीं आता
यही परम स्वतंत्रता है
बंधन की भी
और मुक्ति की भी
और भूल करने की स्वतंत्रता
कुछ भी करने की स्वतंत्रता गलत या सही
स्वतंत्रता है करने की
निर्णय तुम्हारा है
बंधन या मोक्ष का
आज जो हो
चुनाव है तुम्हारा
चाहे मंदिर जाओ
या मधुशाला
चाहे देवालय जाओ
या जाओ वेश्यालय
स्वतंत्रता है तुम्हारी
यदि बँधे हो तो
यही चाह है तुम्हारी

पर बंधन तोड़ने के लिये
भी उपयोग स्वतंत्रता का
कर सकते हो इच्छा तुम्हारी

इरोज और थानाटोज

इरोज
ऊर्जा
कामवासना की
वृत्ति
और
मृत्युवासना की
वृत्ति थानाटोज
के बीच द्वन्द्व से भरा
कब जिया कब मरा
पता नहीं मनुष्य को
अपना उद्भ्रम
और अंत
जबकि बन सकती है खोज
कामवासना परमात्मा की
अंत हो सकता है
मृत्युवासना का
जिससे तुम हो भयाक्रान्त
होकर कामवासना से आक्रान्त
खो गया है शुद्ध जीवन
आदमी का
होकर सचेत मृत्यु के प्रति
उपलब्ध होकर अभय को
करके विवेक हो प्रबल
बन सकते हो सबल
अन्यथा मरोगे कल
जो खो दिया है ओज
थानाटोज
क्या पाओगे भागकर

मुक्त हो लो जागकर
सचेत होकर भोगकर
अन्यथा चाहे जितना भोग कर
तू डरेगा
फिर तो तू मरेगा
साध ले शक्ति जो इरोज की
या फिर थानाटोज की
एक आदि एक अंत है
शाश्वत दिगदिगंत है
ये अमरत्व का उपाय है
अन्यथा हाय! हाय!! है।

सुरति

सतत् बहाव
परमात्मा की ओर
स्मरण परमात्मा का सतत्
रटन हो सतत् कबीर की तरह
हर घड़ी
हर क्षण
स्मृति हो परमात्मा की
जिक्र हो परमात्मा का सूफियों की तरह
सतत्
धुन बजती रहे एक
भाव हो नेक
लगातार बनी रहे सुरति
ध्यान परमात्मा का
तब एक दिन
आयेगा एक क्षण
मुक्त हो जाओगे तत्क्षण
जरूरत नहीं किसी शास्त्र की
आवश्यकता नहीं किसी गुरु की
पूर्ण होगी खोज परमात्मा की
अन्दर ही अपने
सुरति से
जैसे कुण्डली हिरन की
फिर सुगंध फैलेगी आपकी
परमात्मा के प्रताप की

जगत

जगत
जो चल रहा है
गति है जिसमें
समय के सापेक्ष
आगे ही बढ़ रहा
पहाड़ भी बिखर रहा
नदी भी चल रही
तारा, ग्रह भी चल रहा
समुद्र भी मचल रहा
फूल भी खिल रहा
जीव भी बदल रहा
अस्तित्व भी उछल रहा
स्थान समय से
सूरज भी जल रहा
राज चल रहा
सब कुछ हो रहा विगत
इसलिए ये है जगत
तुम खड़े रहो बस एक पल
एक कुछ दिखेगा चलता-सा
अस्तित्व हर कण में मचलता-सा
गतिमान समय के साथ
उड़ते बादलों की तरह
चेतना रूप बदलती
समय के साथ चलती
छूटता सब विगत में
इस जगत में

आत्मज्ञानी

तू निर्विकल्प, निर्विचार
राग-द्वेष मन के व्यवहार
बोधरूप है तू
न भोक्ता
न कोई तेरा तन
न कोई तेरा मन
बस तू है चेतन
सब व्यवहार मन का
जो प्रतिबिम्ब तेरा
मन हटा तो तू है कोरा
जो जाना इस कोरे दर्पण को
आत्मज्ञानी वही
सब झूठा बस यही सही
ब्रह्मज्ञानी यही
यही सतज्ञानम
एतत विज्ञानम।

शान्त

मैं नहीं हो गया
शहादत देकर खो गया
मिट गया शान्त होकर
बचकर नहीं आ पाया
अब मैं नहीं हूँ कहीं
मैं और अस्तित्व एक
विचलन का अब कारण नहीं
अशान्ति अनुपस्थित
जैसे प्रकाश के समय अँधेरा
अब मैं न बचा
तो आकांक्षा का प्रश्न नहीं
सब क्षण में हो गया
सदा के लिये
बचा नहीं कहीं मैं
बचा दर्पण निर्मल
चेतना का शान्त, मौन
अब कौन पूछे
मैं हूँ कौन?

प्रतिक्रमण

मैं असम्बन्धित सब ओर से
कुछ भी अपना नहीं
अब कोई सपना नहीं
पत्नी अब पत्नी नहीं
मकान अब मकान नहीं
दुकान अब दुकान नहीं
यह शरीर अब अपना नहीं
सब ओर से कट गया
लौटकर आया अपने पर
चेतना के घर
आ गया वह ठाँव
जहाँ है ठहराँव
सूर्य-सा साँझ को
किरणों को समेटना
प्रातः चाँद-चाँदनी को समेटना
वापस अपने में समाहित होना
केन्द्रीभूत होना चेतना में
अन्तर्युक्त होना आत्मा का
स्थिर होना बिन्दु में
बूँद का वापस आना यहाँ सिन्धु में
मैं वापस आ गया
हर जगह हर कहीं से
खो गया आक्रमण
पा गया प्रतिक्रमण।

सामायिक

अतीत और भविष्य
मन के हिस्से
ये सदियों के किस्से
मन, संग्रह है अतीत का
मन संग्रह भविष्य की योजनाओं का
वर्तमान तो आत्मा है
स्वयं में थिर हो जाओ
समय में रुक जाओ
एक क्षण के लिये अकर्ता हो जाओ
खोजोगे तो खो दोगे
मत खोजो और पा लोगे
क्योंकि जो खोजोगे
मिला ही हुआ है
इसे श्रम से नहीं पाओगे
जो पाये हो उसका आविष्कार करना है
सामायिक न तो कोई क्रिया है
न कोई प्रक्रिया है
न कोई अभ्यास
न कोई प्रयत्न
न कोई साधना
न कोई साधन
तो मिलेगा कुछ भी नहीं
जो मिला ही हुआ है
वही मुझे मिल गया
जब पाने और खोजने की
आकांक्षा नहीं तो स्वयं में
लौट आया
जहाँ स्थिर होकर सब कुछ पाया

ठहर गया घर में
इसी का नाम सामायिक है
जो करने से होता नहीं
न करने से होता है।

जुजुत्सु

चित्त पर हमले हो रहे चारों तरफ से
विचारों का हमला
क्रोध का हमला
वासना का हमला
तृष्णा का हमला
मोह का हमला
प्रेम का हमला
प्रश्नों का हमला
तमाम झंझटों का हमला
हमला ही हमला है
तमाम सम्बंधों का हमला
मैं सबके लिये राजी
बचाव में कुछ नहीं करता
तनाव नहीं लेता
प्रतिक्रिया नहीं देता
बैठा एकटक देखना
निरपेक्ष भाव से
साक्षी भाव से
जो हो रहा
बस देख रहा हूँ
केवल साक्षी रह गया हूँ
धारा के साथ बह गया हूँ
प्रवेश पा लिया परमात्मा के राज्य में
सामायिक के द्वार से
जुजुत्सु के सहारे
पहुँच गया परमात्मा के द्वारे
कोई मुझे पुकारे
मैं थिर

होकर स्थिर
खो गया
मैं परमात्मा हो गया।

बारदो

जागे रहो
सो मत जाना
घबड़ाना मत
चिल्लाना मत
डर कर
अवसर मत खोना
मर कर
बेहोश मत होना
होश मत खोना
मरना होश में
रहना अपने जोश में
मरना कीमती है
देख साँस छूट रही है
शरीर से अलग हो रही है
टूट रही है
घबड़ाना मत
तू मर नहीं गया अभी
तेरी साँस रूँध रही है
मन तेरा कछेछ रहा है
तड़प रहा है सांस के लिये
पर अभी मरा नहीं है तू
शरीर छूट रहा है
घुटने तक छूट गया है
तू देख ध्यान से साँस को टूटते
होशपूर्वक मर धीरे-धीरे
घबड़ा मत
हड़बड़ा मत
अवसर मत चूक मरने का

होश में मर

रह निडर

देख गौर से

मर विभोर से

सीने तक शरीर छूट गया है

साँस टूट रही है

पर अभी तू मरा नहीं है

तू बहादुर है

स्वयं को मरते देखता रह

गौर से देख स्वयं को

डर मत

इस तरह मरने से

तू कभी नहीं मरेगा

होश पूर्वक मर

जोश पूर्वक मर

अब मत डर

अचेत मत हो

सचेत रह

देख अपनी शरीर को

मुरझाती शरीर को

साँस के लिये तड़पती शरीर को

छटपटाते मन को देख

मरते हुए मन को देख

छूटते हुए तन को देख

शरीर छूट गया माथे तक

फिर भी तू मरा नहीं है

घबड़ा मत

डर मत

होश में रह

पूरे जोश में रह

सचेत रह

अपनी मृत्यु को देख
पूरा शरीर छूट गया है
लेकिन देख देह तेरे पास है
ध्यान से देख
घबड़ा मत
आराम से देख
तेरे पास भी देह है
तू अभी भी जिन्दा है
पर तेरी शरीर पूरी छूट गयी
देख पड़ी है निश्चल
वो मरना एक भ्रान्ति है
ये मरना एक क्रान्ति है
तू मरकर भी जिन्दा है
अब तू अमर है
बाखबर है
अब तू डरेगा नहीं
अब तू कभी मरेगा नहीं
अब तू नयी यात्रा शुरू कर
अब जा जो करना है कर

दर्शन

दृष्टियाँ सब मिट गयीं
जहाँ मैं ही न रहा
बची आत्मानुभूति
मेरी तरफ से कुछ न बचा
दिखा जो सत्य
उसे कहूँ कैसे समग्र में
कहता हूँ तो खण्डित सत्य
बनकर दृष्टि आयेगा
जो अभिव्यक्ति में न समायेगा
दर्शन छूट जायेगा
और कोई उपाय नहीं
दर्शन व्यक्त नहीं हो सकता
सम्पूर्णता दर्शन की
दृष्टि में आती नहीं
दर्शन की अभिव्यक्ति
सम्प्रदाय का निर्माण करेगी
हिन्दु, मुस्लिम दृष्टि बनेगी
दर्शन खण्डित होकर बिखर जायेगा
एक दृष्टि एक पंथ होगा
दर्शन खो जायेगा
फिर विवाद का जन्म होगा
तर्क पर तर्क होगा
कोई छोटा कोई बड़ा होगा
यह दृष्टि का प्रश्न खड़ा होगा
इसमें दर्शन कहाँ होगा ?

जागा हुआ सा कुछ

जब ध्यान लगाया
तो पाया
मूच्छर्ि जागृति की छाया
चित्त का फोकस
अन्तर्मुखी
या बहिर्मुखी
चेतना की धारा बहती
एक फोकस पर
सिर्फ प्रकाश फैला है
अँधेरे का पता नहीं
कहाँ रहता है?
हर तरफ प्रकाश है
उजाले का इतिहास है
अँधेरा भ्रान्ति है
अविद्या है
जो घेरे था सदियों से
अब कहीं नहीं रहा
अँधेरा
मिट गया जगत का घेरा
मैं का रूप जो गया
अज्ञान गया
प्रकाश हो गया
सर्वत्र अस्तित्व बिखरा
कम्पित कण अस्तित्व का
ऊर्जा कंपायमान
जगत रूपायमान
अनस्तित्व कहीं नहीं
मैं था मन का घनीभूत रूप

मन स्मृतियों का संग्रह
कभी संस्कार मैं ढलता
स्मृतियों में संग्रह सदियों से
आकार देता मैं को
भ्रम में पैदा मैं
मैं था
था नहीं मैं
रूप खो दिया
नाम खो दिया
अस्तित्व हूँ
आत्म स्वरुप व्यक्तित्व हूँ
प्रसरित कण-कण सा
ब्रम्हाण्ड में
ऊर्जा सा
लहर सा
प्रकाश का
महासागर सा
चेतना का
क्वार्क का
कण सा
मिट रहा
तरंग सा
अस्तित्व के महासागर में
एकाकार हो रहा
मैं खो रहा
अहसास हो रहा
जागा हुआ सा कुछ
खिल गया चेतना का फूल
चेतना का फूल
विकसित है
सुगंध आ रही

मकरंद की
पराग कण की
अस्तित्व रूपायमान है
जंगल में
विकासमान है
चक्र है
वर्तुलाकार
रोमांच, भय, सन्नाटा
राम राम है
कोहराम है
आर पार है
संसार है
कुछ नहीं सदाबहार है
क्षणिक अभिसार है
चल रहा समय है
नियत अस्तित्व है
फूल झर गया
कुछ कुछ मर गया
आग में जल गया
ऊर्जा में बदल गया
ऊर्जा का रूप है सब कुछ
अहसास हो रहा
जगा हुआ सा कुछ

अनादि

मैं सदा से हूँ
सदा रहूँगा
मेरा प्रारम्भ नहीं
मेरा अंत नहीं
था मैं और रूप में
चलता रहूँगा और रूप में
बस होता है रूपान्तरण
गत्यान्तरण
न प्रारम्भ न अंत
सनातन हूँ
नित्य नूतन हूँ
विकसित हूँ जैसे फूल
प्रारम्भ और अंत का
प्रश्न ही फिजूल
मेरा अस्तित्व है अनादि से
अनस्तित्व होना मेरा
असम्भव है
सत्ता का न जन्म
न मृत्यु
कभी प्रकट है
कभी अप्रकट है
मैं स्वयंभू हूँ
इसीलिए मैं हूँ
अनादि काल से

दर्पण

मैं दर्पण हूँ
नहीं पकड़ता कुछ भी
न राग न द्वेष
अब कुछ घटता नहीं भीतर
परिस्थितियों की तस्वीर बनी
फिर साफ
कुछ न बचा हिसाब
मेरा चित्त न कुछ भरता है
न कुछ खाली करता है
न मित्र की पकड़ता है
न शत्रु की तरह पकड़ता है
कोई स्थिति नहीं पकड़ता
स्थितियाँ अस्पर्शित निकलती हैं
मैं बना रहता हूँ
दर्पण-सा खाली
बस जो सामने आता है
झलक जाता है
फिर चला जाता है
एक-सी रहती है अंतस परिस्थिति
अब नहीं बदलती है
मेरी स्थिति।

प्रेम

प्रेम एक घटना है
जो घटती है भीतर
फलित होती है अन्दर
पूर्ण रूप में
कम या अधिक नहीं
कोई मानक नहीं
जो प्रेम को मापे
ये मंत्र नहीं जो इसे गाया जाये
इसका कोई विकास नहीं
इसका कोई अभ्यास नहीं
प्रेम वृत्त की तरह है
कम वृत्त नहीं
अधिक वृत्त नहीं
वृत्त होता है पूर्ण
थोड़ा कम या
थोड़ा अधिक नहीं
कम या ज्यादा
होती है पसन्द
न कि प्रेम

ज्ञान

ज्ञान की कोई डिग्री नहीं
सब अज्ञान की डिग्रियाँ हैं
जो सूचनाओं से लदे होने का
प्रमाण-पत्र है
कोई कम ज्ञानी
अधिक ज्ञानी
ये असंगत है
ज्ञान कम ज्यादा होता है नहीं
सूचनाएँ होती हैं
कम या ज्यादा
गायब है ज्ञान
विश्वविद्यालय से
ये सूचना-वितरण केन्द्र है
इसीलिए ज्ञानी न किसी से छोटा है
न किसी से बड़ा है
हर ज्ञानी एक स्तर पर खड़ा है
बुद्ध हो या महावीर हों
कृष्ण हो या कबीर हों
क्राइस्ट हो मोहम्मद हों
सब बराबर
न कोई नीचे
न कोई ऊपर
ज्ञान पूर्ण उपलब्धि है
खण्डित ज्ञान होता नहीं
ज्ञानी पूर्णता का नाम है
न कम ज्यादा अज्ञान है।
विकास ज्ञान का होता नहीं
क्षण में उपलब्ध होता है

तत्क्षण उपलब्ध होती है ज्ञान की दशा
ये है एक आस्था
पूर्णता की
मोक्ष की
मुक्ति की
निर्वाण की
कैवल्य की
जिसकी कोई डिग्री नहीं
आयेगा तो पूर्ण
नहीं तो कुछ भी नहीं
अंतरात्मा का विकास नहीं
क्रमिकता नहीं
इसलिए ज्ञान कहीं
बिकता नहीं

प्रयत्न शैथिल्य

खुद को छोड़ दिया
नींद की तरह
सहज आने के लिये
हवा के साथ बहता
ऊपर-नीचे
आगे-पीछे
फिर धीरे-धीरे थिर हो गया
गहन विश्राम में
मन खो गया असीम में
महाशून्य में
धार्मिक हो गया
न हिन्दू न मुस्लिम
न बौद्ध न ईसाई
केवल धार्मिक
कोई चित्र नहीं
विराट शून्यता प्रसरित
खो गयी मेरी भी सीमाएँ
अब मैं कहीं नहीं बचा
असीम हो गया
अप्रयास से
कम्पन बंद
समय रुक गया

स्पन्दन

नाइट्रोजन और आक्सीजन के समुद्र में
चलता-फिरता साँस लेता
जीता-मरता
फिर साँस लेता
अनुभव करता
हृदय में प्रेम
कह नहीं पाता
शब्दों की क्षमता
सीमित
अनुभव विराट
ज्ञान के लिये
शक्ति का स्पन्दन जरूरी
परमात्मा मुझ पर गिर पड़ा
किसी झरने की तरह उबलते हुए
जैसे कि तूफान के बाद बारिश
स्पंदित मैं
रोम-रोम में भर गयी
धड़कन मेरी तेज हो गयी
श्वास बढ़ गयी
विराट शक्ति
प्रार्थना में बदल गयी
प्रतीक्षा समाप्त
मेरा होना ही मिट गया
मैं फैल गया
चारों तरफ
अनन्त आकाश में
बीज नष्ट हो गया
केन्द्र खो गया
सदा के लिये

नृत्यात्मा

नृत्य उठता है
परमात्मा से
आता है ध्यान से
प्रत्येक महत्त्वपूर्ण कार्य
सम्बन्धित है ध्यान से
जैसे कि नृत्य की
आत्मा है ध्यान
प्रकट होने से परमात्मा के
नृत्य कर उठता है साधक
महाप्रभु चैतन्य की तरह
नाच उठता है मीरा की तरह
जब उदय होता है परमात्मा का
रोम-रोम पुलकित हो
नृत्य करता है
बोल उठते हैं दादुर
नाच उठता है मन
मोर की तरह
नृत्य उत्पन्न होता है ध्यान से
लय होता है ध्यान में
जैसे कि कला पैदा होती है ध्यान से
किसान आता है
गणित निकलता है ध्यान से
ज्योतिष जन्म लेता है ध्यान से
प्रत्येक विद्या आती है ध्यान से
धनुर्विद्या हो या शूटिंग
आता है ध्यान से
ध्यान ही केन्द्र-बिन्दु है जगत की
कलाओं का

तृष्य का
गान तक
जाने तक रास्ता है
भगवान का
यही आधार है ज्ञान का

अभिबोध

निद्रा में जीते
काम करते और सोचते
अपना स्मरण नहीं
माया में कैद
संवेदनाएँ धुँधली
अँधेरे में संसार
सोया पाँव पसार
जागो अब
रखो स्मरण अपना
टूटे सपना
अचानक स्मरण हुआ अपना
सहसा हुआ अवरोध
टूटी यांत्रिकता
मैं हुआ चैतन्य
किया आत्मावलोकन
विचारों का अविरल प्रवाह
हुई जीवित याददाश्त
आत्म अनुभूति घटित
हुआ चमत्कार
मैं समय के पार
आया नया संसार
त्रिआयामी स्पन्दन
आरोह-अवरोह-विलंबन
सक्रिय- निष्क्रिय- उदासीन
होता पुनर्नवीन
निरन्तरता-अभंगता
चक्र समय का चलता
शक्ति प्रबल फिर क्षीण

असात्यता का सिद्धान्त
कम्पन बनाता विधान
रचता संसार
भिन्न-भिन्न आयाम
स्वर जैसे सा रे गा मा
अर्ध स्वर, श्रुति, अष्टक
से निर्मित ब्रह्माण्ड
सुरों के स्वरमान
ॐ गुंजायमान
चहुँ ओर
आवर्त और आवृत्ति
बनाता सरगम और इन्द्रधनुष
सतरंगों का रचता इन्द्रजाल
तृष्णा में आकण्ठ डूबा
नहीं रहा आत्म-स्मरण
अभिबोध
हुआ अधोमुख
गिरती भावनाएँ और विचार
फिर अंतरालों के भीतर
शक्तियों का विकास
दिखता आस-पास
विचलन शक्तियों का
रचता नया संसार
ऊर्ध्वमुख होकर चलता ,
प्रतिपल परिवर्तन आता
नया कुछ बन जाता
स्पष्ट दिखता भीतर से
उपलब्ध होकर अभिबोध
अतीन्द्रि शक्ति से साक्षात्कार
यही है चमत्कार।

आज फिर सूरज उगा

मैं जगा
लोग जगे
पेड़-पौधे, नदी, पहाड
अन्य जीव-जन्तु
यंत्रवत अपने काम में लगे
एक तिलिस्म बरकरार
जादू-सा छाया
सब मोहित
हँसती माया
संसार का एक खण्ड
चलने लगा
आधा संसार रोया
आधा संसार जगा
उथला-उथला काम चलाऊँ
जग गया
हर कोई अपने-अपने काम में लग गया
नियति के रंग में रंग गया
पुनरुक्ति
कैसे होगी मुक्ति।
है एक युक्ति
तंद्रा तोड़ने की
खुद से जुड़ने की
पूर्ण ज्ञान की
आत्म कल्याण की
अपनी पहचान की
द्रष्टा भाव
साक्षीभाव
पूर्ण अभाव

शून्य भाव
जैसा मैं देखता हूँ संसार
अंदर-बाहर निरपेक्ष
मिटाकर सापेक्ष
पर सोचा
यदि सूरज न उगता
तो क्या करते तुम
तुम्हारे लोग
बड़े-बड़े वैज्ञानिक
बड़े-बड़े भूगोलवेत्ता
खगोलशास्त्री
है कोई उपाय
सूरज उगाने का
जीवन-चक्र चलाने का
नया सूरज बनाने का?
नहीं
निरुपाय
कोई नहीं उपाय
वैज्ञानिक विवश
यहाँ तक बस
सीमा समाप्त
वह हर जगह व्याप्त
उसी का नियम
उसी का संसार
उसी की दुनिया
उसी का बाजार
उसे पहचानो
खुद को जानो
सुनी-सुनायी मत मानो

शबनम

आकाश से झरते
रात में उतरते
मोती सरीखे
नन्हे-नन्हे कण
तरल
मासूम, सरल
तृण पर
संग्रहीत होकर
बन जाते शबनम
उज्ज्वल
धवल
चमकती
प्रातःकाल
सुनहरी किरणें
पाकर
आकर्षण से भरी शबनम
खींचती अपनी ओर
ये चितचोर
हँसती मुस्कुराती खिलखिलाती
अपना सौन्दर्य लुटाती
मैं लुटता
अन्दर से टूटता
धीरे-धीरे
देखते-देखते
महसूस किया
अपने अन्दर
एक तरल प्रवाह
एक धारा

एक चाह
बहने लगा
शबनम की ओर
हो भाव-विभोर
खो गया अपनापन
विसर्जित हो गया अपना मन
कुछ बचा नहीं
न ज्यादा न कम
मिलकर मैं भी हो गया शबनम

जन्म और जीवन

जन्म बाह्य घटना
जीवन आंतरिक
जन्म मृत्यु की ओर
जीवन तरलता का एहसास
अन्दर आसपास
जागृति
पूर्ण जागृति
आत्म जागृति
स्व-अस्तित्व की अनुभूति
समय शून्य
हो जाना
असली जीवन में खो जाना
खुद को मिटाना
खुद को पाना
स्थिर श्वास
क्रमागत अभ्यास
हुआ एहसास
वास्तविक जीवन का
अमृतवत
रसपान
हो गया ज्ञान
कट गया अज्ञान
अज्ञान से मुक्ति
जीवन की युक्ति
निरर्थक भक्ति
कोई नहीं शक्ति
ज्ञानी बनकर जीना
मृत्यु को पीना

जीवन का आनन्द
जीवन की पहचान
कर न पाया विज्ञान
जीवन मिटाता
आगे जाता
लौटना होगा जीवन की ओर
बंद होगा मृत्यु का शोर
डर, भय, भ्रम
मृत्यु का सन्नाटा
चीरना होगा
आत्म जागृति से
ज्ञान से
पाना होगा जीवन
खोना होगा जन्म
मिटाना होगा भ्रम
मृत्यु का।

गुलाब का फूल

मैं एक दिन
देखा फूल गुलाब का
देखता ही रहा कुछ पल
देखने लगा उसमें
अग्नि, हवा, पृथ्वी, आकाश, जल
मैं आत्म विभोर
पहुँचा उस ओर
महसूस किया
भीनी-भीनी मदमस्त सुगंध
फैलता गया आकाश में
सुगंध के साथ
मिलकर एकाकर हो गया ब्रह्माण्ड से
महसूस हुआ
गुलाब की निर्विचार अवस्था
शून्यता का भाव
गुलाब की निर्दोषिता
निरअहंकारिता
महसूस किया
अस्तित्व का निरुद्धेश्य होना
महसूस हुआ मैं बचा नहीं
हो गया मैं खोकर गुलाब
खड़ा हूँ शान्त, मौन क्यारी में
डूब गया हूँ अस्तित्व की गहराइयों में
अस्तित्व के महासागर में
अतल गहराइयों में
अनन्त खाइयों में
पहुँच गया हूँ
जीवन की असीम ऊँचाइयों में।

गंगा

देखते ही देखते
बहने लगा गंगा में
छण में हो गयी पूरी
अनन्त दूरी
फिर भी बह रहा था
बहता ही जा रहा था
बहते-बहते महसूस हुआ
बह रहा सूरज, धरती
आकाश, हवा, सब कुछ
बह रहा साथ
महसूस हुआ
सदियों से बह रहा हूँ साथ-साथ
बहता ही रहूँगा साथ-साथ
अनन्त काल तक

धारा

मै धारा हूँ
नदी की
प्रपात की
कोई भी धारा
निरन्तर हूँ
प्रकट होता हूँ
अप्रकट होता हूँ
मरता कभी नहीं
जो निरन्तर हूँ
नवीन हूँ सदा
पुराना कभी नहीं हूँ
जो निरन्तर हूँ
धारा की तरह
बहता रहता हूँ
अनुकूल
ऊर्जामय
निरन्तर प्रवाहमान हूँ
मरूँगा कभी नहीं
बहता रहूँगा निरन्तर
समय का कोई रोक-टोक नहीं
समय का कोई साथ नहीं
मै अपनी जगह
समय अपनी जगह
समय मुझे छू सकता नहीं
मै निरन्तर हूँ
चिन्मय हूँ
सदा हूँ
सदा रहूँगा।

समय

मैं समय को तलाश रहा था
सोचा दिन ही समय है
फिर सोचा रात ही समय है
फिर सोचा रात-दिन दोनों समय है
फिर सोचा इसके बाहर तो कुछ है नहीं
आखिर समय गया कहाँ?
रात-दिन ही समय हो सकता है
समझ में आया नहीं
रात-दिन तो पृथ्वी के परिक्रमण से होता है
तो समय कहाँ है?
क्या पृथ्वी का परिक्रमण बंद हो जाये!
पृथ्वी ही खो जाये
तो समय भी खो जायेगा!!
ऐसा भी तो एक दिन होगा
तो क्या समय पृथ्वी के होने
और घूमने से है!
मैं समझा नहीं
सोचता रहा
समय को तलाशता रहा
समय ठीक से मिल नहीं रहा था
आखिर ये समय है क्या?
सामने तो आये समय
इतना डरा क्यों है
है तो सामने आये
समय सामने आता क्यों नहीं?
मै भी देखूँ कैसा होता है समय
लोग उसकी बहुत चर्चा करते हैं
कहते हैं लोग -

मेरे पास समय नहीं है
समय बहुत है
समय पास कर रहा हूँ
और भी कहते हैं
समय नष्ट नहीं करते हैं
समय मूल्यवान होता है
सबसे ज्यादा कीमती समय होता है
समय से बड़ा कुछ नहीं
समय-समय की बात है
सबका समय एक जैसा नहीं होता
समय पर खरा नहीं उतरे
समय पर सबकुछ होता है
समय से पहले कुछ नहीं होता
आखिर समय क्या होता है?
सोचता रहा
तलाशता रहा
मुझे तो समय मिला नहीं
पकड़ में आता नहीं
झूठ क्या बोलूँ
समय को जब पकड़ना चाहता हूँ
तो मैं खुद पकड़ जाता हूँ
समय तो नजर आता नहीं
मैं खुद नजर आता हूँ
समय को महसूस करता हूँ
तो खुद को महसूस करने लगता हूँ
समय मुझे दिखता नहीं कहीं
मैं ही हर जगह दिखता हूँ खुद को
इसलिए मैं तो समय को जानता भी नहीं हूँ
राग कहीं है मानता भी नहीं हूँ।

भूतो न भविष्यति

समय होता नहीं
जैसा समझते हो
कल और कल
नहीं होता
आज भी वैसा नहीं
जैसा समझते हो
होता है
चेतना का प्रवाह
सतत्
शाश्वत
अस्तित्व
जिसका एहसास नहीं
होता नहीं समय
फिर भी उलझे हो
समय के चक्र में
घटनाओं के मकड़जाल में
एहसास नहीं अस्तित्व का
व्यक्तित्व का
जो स्वतः विकासमान है
स्वतःस्फूर्त है
स्वः त्वरण है
गतिमान है
स्वः अस्तिववान
समय का इल्युजन है
एक घेरा है
कल और कल का
मतिभ्रम है
जागो टूट जायेगा भ्रम

हो जाओगे समय के पार
पहुँचोगे अपने द्वार
अस्तित्व की गहराइयों में
बस अस्तित्व
महसूस करो
जो हो
न भूत न भविष्यति
केवल अस्तित्व
महसूस करो।

अवचेतन मन

प्रबल और सशक्त है
अवचेतन मन
करता है चमत्कार
शक्ति का संचार
बनता है जो विचार
और करते हो कल्पना
पकड़ लेता है अवचेतन मन
इच्छाओं को
कामनाओं को
हकीकत में बदलता है
असम्भव को संभव करता है
श्रद्धा, आस्था, विश्वास से
बस केवल सुझाव से
बदल देता है बायो केमिस्ट्री
रिसते है हार्मोन
बहते हैं एंजाइम
अमृतवत
अभ्यंतर
असाध्य बीमारियाँ होती है छू मंतर
ईश्वर के भी दर्शन
करता है यही मन
जो होती है कल्पना मन की
देवी-देवता जन की
प्रकट कर देता है अवचेतन मन
हकीकत में बदल देता है
जप-तप-तंत्र-मंत्र
अवचेतन मन के है यंत्र
ये ब्रह्म से ओत प्रोत है

अपार ऊर्जा का स्रोत है
अंतः प्रेरणा का केन्द्र है
रचनाओं का आधार है
सम्मोहन शक्ति अपार है
इसी से जाते है पूर्व जन्म और भविष्य में
यही बनाता है हमारा वर्तमान और भविष्य
हाथ में लकीर उभारता है
जो जैसे इसे पुकारता है
ये फल देता है वैसा
माँगा जिसने जैसा
अवचेतन मन का साक्षात्कार करो
अपना उपकार करो
अपना उद्धार करो
इसकी शक्तियां अनेक हैं
विचारों का संप्रेषण करता है दूर
टेली पैथी में उपयोग होता भरपूर
समर्पण का यही आधार है
इसी से होता एकाकार है
यही इच्छाओं को
महत्वाकांक्षाओं को
आदत में बदलता है
यही आधार है डाउजिंग विज्ञान का
अंतर्ज्ञान का
अद्भूत है अवचेतन मन
बदल देता है जीवन
सभी साधनाओं का आधार है
इसी से रिद्धि-सिद्धि चमत्कार है
सूक्ष्म जगत से संपर्क करता है
ये दूसरे के मन को प्रभावित करता है
सूक्ष्म तरंगों का जाल है
इसका मायाजाल है

इसी का इंद्रजाल है
यही मायावी है
यही बहुआयामी
इसके लिए समय-स्थान
खो जाते हैं
जादू की तरह सब हो जाते है
कुछ भी करने में सक्षम है
ये भाव पर चलता है
ये कल्पना पर चलता है
चेतन मन भौतिक जगत जा स्वामी है
अवचेतन मन सूक्ष्म जगत का राजा है
इसको जिसने साधा है
कटी उसकी बाधा है
ये सपनों का आधार है
भूत-प्रेत इसका ही विचार है
ये प्रतीक तुरंत पकड़ता है
इसी से ओझा झांड-फूँक करता है
ये परा मानसिक तरंगों का खेल है
इसका सूक्ष्म तरंगों से मेल है
चेतन मन जो कुछ चुनता है
ये उसमें जिंदगी बुनता है
ये पराक्रमी और वीर बहादुर है
ये जादूगर है
ये मन्नतें पूरी करता है
प्रार्थना को फलित करता है
बुरी कल्पना भी साकार करता है
ये बुराइयों का भी विस्तार करता है
ये चेतन मन का गुलाम है
चेतन मन के पास इसकी लगाम है
चेतन मन जो-जो सोचेगा
वही वही ये करेगा

ये आदेश पर चलता है
इसी पर इसकी सफलता है
इसी पर इसकी विफलता है
बुढ़ापा अवचेतन मन की देन है
जवानी अवचेतन मन का रहस्य है
अमीरी-गरीबी का यही आधार है
सुख-दुःख मन का विस्तार है
हम दोहरा व्यक्तित्व लिए फिरते है
एक साथ जीते है
एक साथ मरते है
भीतर है द्वंद
बनाता है अंतर्द्वंद
चेतन और अवचेतन गढ़ता है
डर और निडरता है
यही पुर्वाभाष, अंतर्दृष्टि का
और दिव्य दृष्टि का स्रोत है
रेकी और प्राणिक हीलिंग
की दिव्य ज्योति है
टैरो कार्ड, मनोमिति, ज्योतिष
का आधार है
अवचेतन मन का ही व्यवहार है
शराबी का सच बोलना
नार्कोटेस्ट से भेद खोलना
अवचेतन मन का चमत्कार है
यही ऊर्जा का आधार है
तर्क, बुद्धि, विवेक
चेतन मन का हिस्सा है
क्रोध अवचेतन मन का हिस्सा है
मग घूमता है बीटा या थीटा अनस्था में
यही ले जाता है अल्फ़ा अवस्था में
ये ब्रह्माण्ड से तरंगे आकर्षित करता है

हमें वो बनाता है
हम जो कहते हैं बनना
ये खजाना भी है
और बर्बाद भी कर देता है
सही प्रयोग हुआ नहीं तो
ये दुधारी है
जादूगर की तरह चमत्कारी है
तुम चाहो तो जनाना बन जाओ
चाहो तो मर्दाना बन जाओ
साधकर अवचेतन मन
चाहो तो सफल हो जाओ
चाहो तो असफाल
इसका खेल निराला है
ये डमरू और मुरलीवाला है
और यही कमलीवाला है
और यही प्रकट होता है गहरे भाव में
हर लगाव में
क्राइस्ट बन कर आते है इसे तोड़कर
बुद्ध बन कर आते है इसे छोड़कर
महावीर बन कर आते है इसे मोड़कर
जरथुस्त्र बन कर आते है इसे फोड़कर
यही साहित्यकार है
यही वैज्ञानिक और शिल्पकार है
यही संगीत का आधार है
ये सभ्यता का शिल्पकार है
सब इसी का चमत्कार है
ये हमारे भाग्य का विधाता है
सभ्यता का सच्चा निर्माता है
ये कुछ खास है
श्रद्धा, कल्पना, आस्था, विश्वास का दास है
ये बहुत महान है

यही सच्चा भगवन है
दुर्गा, गणेश, हनुमान है
फलित करता है तुम्हारी इच्छाओं को
मुरादों और कामनाओं को
गहरी प्रार्थना से फल देता है
गहरी दुआ से मुरादें पूरी कर देता है
जीवन सुखमय कर देता है
हमें ऊर्जा से भर देता है

निर्वाण

दीपक जलता
प्रकाश फैलता
ज्योति चेतन
बाती मन
बुझ गया दीपक
कहाँ गयी ज्योति?
विराट में खो गयी
परम स्थिति को उपलब्ध
महाप्रकाश का हिस्सा
बन गयी ज्योति
तोड़कर मोह दीपक से
मिटाकर अविद्या
छोड़कर अज्ञान
लगा ध्यान
बस चेतना बची
हो गया निर्वाण।

बोधिसत्व

आर्द्र करुणा
प्रेमपूर्णहृदय
स्त्री-सा
शेष है जिसमें
अभी भी करुणा
बनेगा गुरु
महायान
जिस में सवार हो
करोड़ों लोग
जाने को उस पार
मुक्त हैं जो अब
हर बंधन से
करुणा को छोड़
बची है अभी भी करुणा
वासना की एक किरण
जिसके सहारे
आयेगा फिर जीवन में
बनकर बोधिसत्व
उपकृत करने अन्य को